14,95

Maria Riebl

Symbolkraft der Träume

Maria Riebl

Symbolkraft der Träume

Ihre Botschaft verstehen und nützen

Tyrolia-Verlag · Innsbruck-Wien

Mitglied der Verlagsgruppe „engagement“

Bibliografische Information Der Deutschen Nationalbibliothek
Die Deutsche Nationalbibliothek verzeichnet diese Publikation in der Deutschen Nationalbibliografie; detaillierte bibliografische Daten sind im Internet über http://dnb.d-nb.de abrufbar.

2010

Umschlaggestaltung: stadthaus 38, Innsbruck
Layout und digitale Gestaltung: Studio HM, Hall in Tirol
Druck und Bindung: FINIDR, Tschechien
ISBN 978-3-7022-3058-6
E-Mail: buchverlag@tyrolia.at
Internet: www.tyrolia-verlag.at

INHALT

Kapitel 1

Meinen Träumen auf der Spur

Ein Traum, der Jahrzehnte eines Lebens begleitet

In einer Situation, wo ich buchstäblich am Ende war, träumte ich:

„Eine Freundin schiebt mir eine Karte durch den Türschlitz in meine Wohnung. Ich sehe ein Bild von einem Wald; die Sonne scheint zwischen den schmalen Baumstämmen durch. Rechts daneben lese ich den Spruch: ‚Immer, wenn du meinst, es geht nicht mehr, kommt von irgendwo ein Lichtlein her, dass du es noch einmal zwingst, und von Sonnenschein und Freude singst. Leichter trägst des Alltags harte Last – und wieder Kraft und Mut und Glauben hast.' – Da erinnere ich mich: Das genau ist doch die Spruchkarte, die meine Großmutter so geliebt hat!"

Im Aufwachen war der Traum entschwunden; aber bei einem Spaziergang nachmittags komme ich durch einen ähnlichen Wald wie auf dem Foto – da fällt mir der Traum ein! Es war wie ein wohltuender Schock, fast wie ein Einbruch aus einer anderen Welt oder wie eine Eingebung Gottes: Das ist es! Es gibt eben noch anderes als mein Jammertal.

Durch diesen Traum konnte ich vieles in meiner Lebenssituation anders sehen; ich gewann wieder Zutrauen zu mir und zu meinen Möglichkeiten. Es war, wie wenn man gegen Ende eines Tunnels wieder Licht sieht. Und bis heute – der Traum liegt Jahrzehnte zurück – fällt er mir immer wieder ein, wenn ich durch die Wälder wandere oder reite. „Immer wenn du meinst, es geht nicht mehr …“ Dieser Traum hat mich auch dazu bewogen, mich mehr mit Träumen zu beschäftigen.

So können wunderschöne Träume ein Leben erhellen und ungeahnte Kraft geben. Die Großmutter war damals schon viele Jahre verstorben; seitdem hatte ich nie an die Spruchkarte gedacht; mein Inneres aber hatte sie gespeichert und sie mir im richtigen Augenblick in Erinnerung gerufen. Ein Traum wie dieser macht bewusst, wie hilfreich Träume für das Leben sein können.

Überraschende Welt der Träume

Nicht immer sind Träume so wohlig. Wer kennt das nicht: Schweißgebadet aufwachen – und aufatmen: „Zum Glück war es nur ein Traum!“? Aber es war nicht nur ein Traum! Denn lange und massiv kann er nachwirken. So wie ein Tag nach einem wohligen Traum angenehm beginnt und der Traum oft noch lange Zeit die Stimmung eines Menschen hebt, so kann ein schlimmer Traum das gesamte Befinden eines Menschen beeinträchtigen.

Träume sind unwiderstehlich, launig und oft heimtückisch; allzu gern entziehen sie sich unserer Kontrolle, jedenfalls unserem gewohnten Zugriff. Fast wird man an das bekannte Wort erinnert: „Die Gedanken sind frei … sie fliehen vorbei wie nächtliche Schatten …“ Noch mehr die Träume! Nicht selten treiben sie ein schlimmes Spiel mit uns, halten uns zum Narren, blamieren uns vor uns selbst. Sie heben uns in den Himmel oder lassen uns in Abgründe sausen. Nichts ist sicher vor der Welt unserer Träume. Und doch: Was wäre ein Leben ohne Träume?

Abgründe der Seele zeigen sich im Traum. Was tun wir nicht alles im Traum, was uns am Tag „nicht im Schlaf“ einfiele: Wir morden, sind homosexuell, verlieben uns in Menschen, in die wir uns nicht verlieben sollten, und wir hassen andere, die wir glauben zu lieben. Prinzipientreue Menschen werden zu Kriminellen, Gestresste leben aus einer inneren Ruhe … Alles kann uns im Traum begegnen, vor nichts sind wir gefeit! Die Träume sind imstande, die Vorstellungen, die wir von uns haben, auf den Kopf zu stellen. Und das Ärgste: Wir können uns ihrer Sogkraft nicht entziehen – sie sind da, gefragt oder ungefragt, ob wir sie bewusst behalten oder nicht.

Träume gehören zu unserem Leben, seitdem wir Embryos waren. Auch unsere Haustiere wie Hunde oder Katzen träumen. Und seit es Menschen gibt, beschäftigen sie sich mit ihren Träumen und verarbeiten sie schöpferisch. Bereits die Kunstwerke der prähistorischen Zeit könnten von Traumbildern inspiriert sein. Träume beschäftigen, beunruhigen und erfreuen die Menschen zu allen Zeiten.

Dank an die Träumenden

Mit dieser Veröffentlichung rege ich dazu an, die Träume als wesentlichen Bereich des Lebens zu verstehen und den Umgang mit ihnen einzuüben. Denn ich weiß aus eigener Erfahrung und aus der Arbeit mit Träumen vieler Menschen, dass Träume ein innerer Schatz sind, den es lohnt, zu entdecken und zu nützen. Träume führen zu den Wurzeln unseres Daseins. Wer sich bewusst auf seine Träume einlässt, lebt wacher, befreiter, klarer und kraftvoller. Das haben die Menschen erlebt, deren Träume in diesem Buch Niederschlag gefunden haben. Ihnen allen sei an dieser Stelle herzlich dafür gedankt, dass sie auch andere an den Prozessen, die sie ihren Träumen verdanken, teilhaben lassen!

Jeder Traum, den ich im Folgenden erwähne, würde ausführliche Behandlung verdienen; dazu müsste mehr auf den biographischen Kontext eingegangen werden, was hier nicht seinen Ort hat. Außerdem sind die meisten Träume sehr gekürzt wiedergegeben. Es geht darum, die vielen Möglichkeiten der Traumsprache und der Botschaft, die sie enthält, anzudeuten. So könnten die Leserinnen und Leser dazu angeregt werden, sich selbst an ihre eigenen Träume heranzutasten. Aber lassen Sie sich nicht entmutigen, wenn Sie mit Ihren Träumen nicht so leicht zurande kommen, wie es im Folgenden vielleicht scheinen mag. Auch die Menschen, deren Träume Sie lesen werden, haben nicht so einfach ihren Weg gefunden, wie es in der Kürze der Darstellung vielleicht wirken kann.

Außerdem hätten manche dieser Menschen von sich aus, ohne Hilfe, die heilende Wirkung ihrer Träume nur schwer erfasst und erlebt, vor allem nicht bei schmerzlichen Träumen. Deshalb ein Ersuchen an alle Leserinnen und Leser, besonders an jene, die unter bedrückenden Träumen leiden und auch durch die Anregungen, die in diesem Buch geboten werden, nicht spürbare Erleichterung finden: Verstehen Sie Ihre Träume als Einladung und Impuls, um psychotherapeutische oder ärztliche Hilfe aufzusuchen! Denn Träume, die mehr belasten als entlasten, sind oft ein Warnsignal der Seele.

Worum es geht

Vorab noch eine Klärung zum Sprachgebrauch. Mit „Träumen" sind in dieser Arbeit Nachtträume oder besser Schlafträume gemeint, nicht Tagträume im Sinn von bewusst gesteuerten Phantasien. Träume im engeren Sinn, von denen hier die Rede ist, kommen aus dem Unbewussten. Es sind Bilder, die dem Menschen zufallen, die also nicht willentlich gesteuert oder produziert werden. Die Grenzen sind freilich fließend: In einer Meditation, auch unter der Dusche oder mitten im äußeren Lärm kann mir etwas zu-fallen oder ein-fallen, das nicht nur meinem bewussten Suchen und Erleben entspringt. Auch auf solche Erlebnisse oder Eingebungen trifft alles zu, was in der Folge zu Träumen überlegt wird. Es geht also um Äußerungen aus tieferen Schichten unseres Lebens als den bewusst zugänglichen. Träume sind, wie das bekannte Wort von Sigmund Freud zu Recht besagt, der „königliche Weg" zum Unbewussten.

Wie steht es um meine Träume?

Vermutlich sind Sie an Ihren Träumen interessiert, wenn Sie diese Zeilen lesen. Aus verschiedenen Blickwinkeln darf ich Sie bei der Entdeckungsreise in Ihre Traumwelt begleiten. Und wie man Schwimmen nicht gut im Trockenen lernt, lade ich Sie ein, vor der weiteren Lektüre ins „Wasser" Ihrer persönlichen Traumwelt zu springen:

- *Erinnere ich mich an Träume? Sind sie mir nahe – oder muss ich mich anstrengen, um den einen oder anderen Traum in Erinnerung zu rufen?*
- *Beschäftigen mich meine Träume?*
- *Gibt es Träume, die mein Leben verändert haben?*
- *Erinnere ich mich an Träume, die ich meinem Todfeind nicht wünschen würde – und an andere, die ich öfter brauchen könnte?*
- *Würde mir etwas fehlen, wenn es keine Träume gäbe? Wie wäre mein Leben ohne Träume?*
- *Habe ich Fragen zum Thema „Träume"?*

Tipps zum Erinnern an die Träume

Träume wirken, auch wenn wir sie nicht behalten. Und doch können wir den Nutzen, den sie uns bringen, verstärken, wenn wir sie bewusst machen. Es beginnt mit dem Merken der Träume. Und damit haben viele Menschen ein Problem. Sie meinen, dass sie sich zu wenig oder zu viel Träume merken.

Da wir jede Nacht träumen, wäre das Behalten aller Träume in jedem Fall eine Überforderung. Offenbar gibt es einen Schutzmechanismus im Menschen, der in der Art eines Filters bewirkt, ob und in welcher Form man sich an Träume erinnert. Dieser Filter funktioniert von Mensch zu Mensch unterschiedlich.

Wenn jemand zu wenig Träume behält

Besser gesagt: Wenn jemand meint oder den Eindruck hat, sich zu wenig oder gar keine Träume zu merken. Das kann viele Gründe haben.

Ein besonderes Hindernis für das Behalten von Träumen ist der Stress während des Tages, besonders vor dem Einschlafen und beim Aufwachen. Außerdem merken sich viele keine Träume, weil sie es nie gelernt oder geübt haben. In ihrer Erziehung hatten Träume keinen Platz. Es kann auch Angst davor sein, was einem im Traum begegnen oder bewusst gemacht werden könnte. Denn nicht alle Träume sind angenehm, wie vermutlich jeder weiß. Oft ist das Nichtbehalten oder auch das rasche Vergessen der Träume ein innerer Schutz des Menschen vor sich selbst. Denn viele Menschen, die schwer Zugang zu ihrem Gefühlsleben haben, erinnern sich auch weniger an ihre Träume. Oder jemand merkt sich Träume nicht, weil sie dem, was ein Mensch sonst von sich hält, widersprechen. Davon wird noch viel die Rede sein!

Das Sich-Entziehen der Träume kann noch ganz andere Gründe haben.

In erlebnisintensiven Zeiten merken sich viele Menschen keine Träume, weil sie offenbar mit den Tageserfahrungen voll ausgelastet sind. – Andere wieder, die sich angeblich selten Träume merken, behalten dennoch einige wenige Träume in Erinnerung, meist an Schlüsselstellen ihres Lebens: in der Kindheit oder in Zeiten von Entwicklungsschüben und Lebenswenden. Diese Träume können so bedeutsam sein, dass sie Licht auf lange Wegstrecken eines Menschen werfen.

Wenn jemand zu viele Träume behält

Wieder andere – sie sind in der Minderheit – werden geradezu überflutet von Träumen. Der Schlaf ist gestört; die Traumwelt nimmt einen Menschen in ihren Bann und entzieht dem wachen Leben die nötige Energie. Auch das kann verschiedene Gründe haben. Menschen, die sehr sensibel sind, haben manche Schutzfaktoren nicht, die andere (vielleicht in zu hohem Ausmaß) entwickelt haben. Sie haben eine Haut zu wenig. Andere wiederum entziehen sich der Realität, weil ihr Traumerleben – bei Nacht und oft auch am Tag – alle Aufmerksamkeit beansprucht. Ein Übermaß an Träumen kann auch Hinweis auf eine psychotische Erkrankung sein. Zumeist hilft es aber schon, den Träumen weniger Beachtung zu schenken und umso mehr Aufmerksamkeit der Tagesrealität zu widmen: tagesorientiert, körperbewusst leben. Lieber Sport betreiben als Traumbücher lesen! Immer gilt: das gesunde Maß finden.

Die folgenden Tipps sind für Menschen gedacht, die sich in den bewussten Umgang mit ihren Träumen einüben wollen.

Anregungen für das Merken von Träumen:

- *Entspannung statt Stress! Stress in der Tagesgestaltung und besonders in den Stunden vor dem Schlafengehen und beim Aufstehen vermeiden*
  Vor dem Wecker aufwachen (vielleicht die „innere Uhr" einstellen). Oder einen wohligen, behutsamen Weckton in zeitlichem Abstand zu jenem Ton einstellen, der dann endgültig zum Aufwachen und Aufstehen drängt.
  Nach dem Aufwachen noch eine Zeitlang in der Körperhaltung des Schlafens verweilen. Langsam (!) aufstehen und sich aus der Schlaf- bzw.Traumwelt lösen.
  Abends nicht zu viel essen und trinken, möglichst nicht unmittelbar vor dem Schlafengehen (maßvoll Alkohol!).

- *Bleistift, Papier und eine schwache Lichtquelle, ev. ein Aufnahmegerät neben die Schlafstelle legen und den Traum beim Aufwachen sofort festhalten oder jemandem erzählen*
  Oft genügt es schon, nur ein paar Stichwörter zu notieren; mit ihnen stellt sich dann manchmal auch der ganze Traum wieder ein. Kreativ begabte Menschen drücken Grundgefühle ihres Traums spontan mit Farben oder anderen Materialien aus.

- *Die Gefühlswelt und das spirituelle Leben auch am Tag pflegen*
  Wer sich auf ein intensiveres Leben aus der Kraft seiner Träume einlassen will, könnte seine Gefühle be-

wusst wahrnehmen, auch am Tag, vielleicht mit kleinen Übungen des Innehaltens: Wie geht es mir in einer bestimmten Situation? Es gilt, Ruhe und Meditation zu pflegen oder auch die Motive wahrzunehmen, die daran hindern (vielleicht die Angst vor Gefühlen?). Oft braucht ein Mensch seinen Dauerstress, um sich vor offenen Problemen, Ängsten oder einer inneren Leere zu schützen. Das Hinspüren zu den Gefühlen erleichtert und vertieft nicht nur das Merken von Träumen, sondern auch die Arbeit mit ihnen und erhöht ihre Wirkung.

Das Einschlafen und Aufwachen bewusst wahrnehmen
Sich genüsslich in die Welt des Schlafes sinken lassen und morgens das Auftauchen aus dem Schlaf in die Welt des Tages wahrnehmen und (nach Möglichkeit) genießen.
Diese Übung ist bei vielen Menschen die wirksamste. Dabei denkt ein Mensch nicht unmittelbar an Träume, sondern lässt sich in die eigene Tiefe sinken, um aus ihr am Morgen wieder aufzutauchen. Das Fallenlassen kann zunächst auf die Matratze bezogen sein. Die reale Matratze verweist auf den tieferen, eigentlich tragenden Boden. Diese Einschlafübung ist besonders wohltuend und wirksam, weil sie einem Leistungsprinzip entgegenwirkt, das sich bis in die Erkundung der Traumwelt bemerkbar macht. Denn Ziel ist nicht unbedingt, Träume zu „erhaschen“, sondern sich entspannt der Welt der unbewussten Tiefe anzunähern. – Diese Übung fördert den guten Schlaf, stärkt das Urvertrauen und kann so auch die

Angst, die oft das Behalten der Träume verhindert, erleichtern. Zugleich ist der Mensch darin mit der ganzen Menschheit verbunden, die in die Schlafwelt sinkt und wieder aus ihr erwacht.

Bitte beachten Sie:
Wer sich trotz mancher Versuche durch längere Zeiträume hindurch keine Träume merkt, hat Gründe dafür, die zu respektieren sind. Dann ist es im Augenblick vielleicht heilsamer, nicht unbedingt (jedenfalls nicht ohne professionelle Hilfe) nach Träumen zu suchen. Die Schutzfaktoren der Seele sind ernst zu nehmen, aber es ist gut, wenn man darum weiß. Vielleicht kommt die Zeit, wo auch die Tiefenschichten des Lebens zugänglich werden. Lesen Sie einfach weiter – mag sein, dass sich dann von selbst jene Träume melden, die Ihnen gerade jetzt guttun.

Wenn ich nun einen Traum gemerkt habe, wie komme ich seiner Bedeutung auf die Spur? Denn jeder Traum hat eine Botschaft – nur begegnet sie oft recht verschlüsselt. Der Weg dazu führt über die persönliche Begegnung mit dem Traum. Dazu ein Beispiel:

Wenn wir im Traum fliegen

Seit den Kindertagen träumen manche Menschen vom Fliegen. *„Ich bewege mich frei, fliege über den Wolken, sehe alles unter mir, weit weg …"* Es ist ein Menschheitstraum, der uns in der Nacht erreichen und bewegen kann. Solches Träumen kann einfach schön sein und keiner weiteren Deutung bedürfen. Mag sein, dass der Traum durch körperliche Entspannung im Schlaf ausgelöst wird – in jedem Fall ist es ein Traum zum Genießen. Wer das Wohlgefühl verstärken und dazu aus dem Traum etwas lernen will, kann sich fragen:

- *Wie erlebe ich mich im Traum?*
  Das ist beim Fliegen zumeist lustvoll: Ich fühle mich beschwingt, frei, über allem …
- *Gibt es innerhalb eines Traums Änderungen im Erleben?*
- *Kenne ich das Gefühl auch im Alltag?*

Wenn das Tageserleben sehr erdgebunden, im Bann von Anforderungen, Sorgen und Stress steht, dann bringt das Fliegen im Traum den wohligen Ausgleich. Es gibt auch die andere Seite: alles von oben wahrnehmen, Leichtigkeit lernen! Solches Träumen bringt eine innere Fähigkeit des Menschen zum Ausdruck: Er oder sie kann auch leichter, entspannter, lockerer, sorgenfreier und beschwingter leben! Der Traum ist Ressource und bietet Abstand vom allzu schweren „Boden“.

Ganz anders ist die Botschaft eines ähnlichen Traums, wenn der Träumer im realen Leben zu viel „fliegt“. Ein Mann erzählt in einer Traumgruppe, dass er oft im Traum fliegt. Ich frage ihn, seit wann er so träumt. Die Antwort: Seitdem ihn sein Lehrherr geohrfeigt hat. Darauf seine Frau, die in der Gruppe anwesend war: „Ja, immer wenn es brenzlig wird, dann hebt er ab!“ – Diesem Träumer hält der Traum einen Spiegel vor Augen:

Lieber „abhauen“, als sich seinen Problemen stellen. Der Impuls, der durch den Traum an diesen Menschen ergeht, ist folglich: nicht „fliegen“, sondern am Boden bleiben, die Herausforderung der „Erde“ wahrnehmen. Anders als im ersten Beispiel ist diesem Träumer nicht zu empfehlen, das Fliegen auszukosten, sondern im Alltag weniger (!) zu „fliegen“.

Wieder anders ist die Aussage eines wiederkehrenden Traums vom Fliegen, an den sich eine Frau mit Unbehagen aus ihrer Kindheit erinnert: *„Ich fliege herum, das ist interessant und schön, bis zu dem Moment, wo ich unten die Mama sehe; da erschrecke ich, ich bremse ab, ich fürchte, sie sieht mich (erst viel später entdecke ich, dass ich unsichtbar bin), ich drehe mich im Fliegen um und verschwinde hinter dem Hauseck; ich fliege weiter zu einem anderen Haus, schlüpfe unter die Bettdecke einer Tante, um mich dort zu verstecken.“* Das Fliegen an sich wäre angenehm, wenn nur die Mutter nicht wäre (oder besser: wenn sie anders wäre) ...!

So unterschiedlich wie die träumenden Menschen kann also die Aussage eines Traumbildes vom Fliegen sein. Fliegend verarbeitet ein Kind seine Ängste vor der Mutter und sein Suchen nach Geborgenheit. Fliegen kann „Geschenk des Himmels“ sein, um den nötigen Abstand zu finden; aber das Fliegen im Traum kann auch Ausdruck dafür sein, dass ein Mensch sich zu weit von der Tagesrealität entfernt, wie schon der antike Mythos von Dädalus und Ikarus zeigt. Ikarus will sich fliegend zur Sonne erheben – doch in der Nähe der Sonne zerrinnt das Wachs, mit dem er seine Flügel gebunden hat, und er stürzt ab.

Von der Angst zu fallen, mit der das Motiv des Fliegens verbunden sein kann, wird später eigens die Rede sein. Als Grundprinzip gilt: Ein Traumbild wird in seiner Aussagekraft nur im Zusammenhang des Träumers deutlich. Allein der Träumer weiß, was ein Traum zu besagen hat. – Wer mehr grundsätzliche Erklärungen zu den Auslegungsmethoden sucht, lese bitte das Kapitel 6. Hier geht es um erste Schritte zum Annähern an unsere Träume.

Tipps zum Verstehen der Träume

Tipp 1: Die Bildersprache des Traums beachten

Das ist die wichtigste Voraussetzung für das Verstehen der Traumsprache. Denn die Träume sind nie einfache Wiedergabe von Ereignissen der Außenwelt. Bei einem Traum vom Fliegen geht es nicht um das reale Fliegen, sondern um die sinnbildliche Darstellung der Freiheit von der irdischen Schwere, um das Betrachten von oben. Wir sprechen vom „Höhenflug". Auch in alltäglichen Wendungen kennen wir die Symbolsprache: „Ich hau mich ab", „Mi tragt's davon", „i mein, i stirb", ich „fahr aus der Haut". Wir sind „himmelhoch jauchzend" oder „zu Tode betrübt", ohne zu fliegen oder zu sterben. Wer „den Kopf in den Sand steckt", tut das zum Glück selten real. So ähnlich ist unsere Traumsprache. Jeder Traum ist Bild, das bedeutet: Was immer sich im Traum meldet, ist nicht – jedenfalls nicht nur – so gemeint, wie wir es unmittelbar erleben, sondern weist auf eine andere, tiefere Ebene hin. Das bedeutet nicht: Der Traum ist *nur* ein Bild und deshalb nicht wahr. Im Gegenteil: Der Traum ist wahrer als irgendein Protokoll; denn er spricht in Bildern und hat damit noch viel mehr zu sagen als das, was sich auf den ersten Blick zeigt. In den Bildern liegt die Kraft unserer Tiefe. Sie nutzbar zu machen, ist der Sinn der Traumarbeit.

Tipp 2: Sich auf die Gefühlswelt des Traums einlassen

Das Nonplusultra der Traumarbeit ist der Gefühlszugang. Denn Bilder erschließen sich in ihrer Wahrheit nicht dem forschenden Verstand, sondern der einfühlenden, intuitiven Fähigkeit eines Menschen. Nur das Wahrnehmen der persönlichen Betroffenheit lässt den Sinn eines Traums erschließen. Dazu eignen sich auch kreative Methoden, die im 5. Kapitel ausführlicher zur Sprache kommen.

„Ich bin rasant auf einer Bergstraße unterwegs; neben mir geht es steil bergab. Mein Herz rast, aber ich fahre nur noch schneller.“ Der Mann ist ansonsten ein eher bedächtiger Autofahrer. Würde er mir den Traum ohne Gefühlsregung erzählen, könnte und wollte ich mit ihm nicht daran arbeiten. Ich würde ihn lediglich darauf aufmerksam machen, dass er sich möglicherweise vor irgendwelchen

„abgründigen“ Gefühlen schützt, und ich würde diesen Schutz ernst nehmen, indem ich den Traum (einstweilen) in Ruhe lasse. Jener Träumer aber reagierte im Traum wie im Wachen mit einem beklemmenden Gefühl im Brustkorb, verbunden mit Anspannung des ganzen Körpers, Herzrasen und Schweißausbrüchen. Ähnlich fühlt er sich in dem Stress, den er derzeit in seiner Arbeitssituation erlebt; er hat Angst, gekündigt zu werden. Die Kündigung erlebt er wie den Abgrund im Traum. Ihm wird bewusst, dass er sich an seinen Grenzen befindet. Anhand des Traums beobachtet er auch, wie wenig hilfreich das gegenseitige Aufschaukeln von Fahrgeschwindigkeit und Abgrundangst ist: Je schneller das Tempo, umso größer die Gefahr. Ermutigt durch den Traum, stellt sich der Träumer nun im Wachen seiner Angst und entdeckt alternative Möglichkeiten für den Fall der Kündigung. Der höchst unangenehme Traum hat ihm zu einem entspannteren Lebensstil verholfen. (Er wurde bis heute nicht gekündigt.)

Anregungen, um den Gefühlszugang zum Traum zu erschließen:

- *An welcher Stelle des Traums habe ich mich am intensivsten erlebt?*
- *Wie war mein Gefühl beim Aufwachen?* (auch auf Körperreaktionen achten!)
- *Wie fühlte ich mich im Traum selbst?* Das kann sehr unterschiedlich gegenüber dem Gefühl im Wachen sein.
- *Kenne ich ein ähnliches Gefühl wie im Traum vielleicht aus ganz anderen Situationen meines Lebens?*

Tipp 3: Den Traum als Ganzes wahrnehmen

Gerne fragen Menschen: „Was bedeutet Autofahren oder Fliegen oder eine Schlange in meinem Traum?" Dieses Anliegen ist verständlich; davon leben herkömmliche Traumbücher. Aber mit dieser Fragestellung werden wir den meisten Träumen nicht gerecht. So führt die Frage, was Auto, Straße, Abhang usw. im Traum jenes Mannes aus dem letzten Beispiel bedeutet, nicht zur eigentlichen Botschaft des Traums. Es ist wie bei den Märchen, die ja Träume der Menschheit sind. Die Frage: Was bedeutet Knusperhäuschen, Hexe, der Käfig usw. führt nicht zur Botschaft von „Hänsel und Gretel". Der eigentlichen Aussage des Märchens kommen wir näher, wenn wir die gesamte Entwicklung der Kinder wahrnehmen: vom Hinauswurf aus dem Elternhaus über die Bewältigung der verschiedensten Herausforderungen bis zur Heimkehr mit den Schätzen. So ähnlich ist es auch mit den Träumen. Zunächst ist also die Bewegung des Traums im Ganzen zu erspüren; dann erst – wenn überhaupt notwendig – ist nach der Bedeutung einzelner Elemente im Traum zu fragen. Die Traumgeschichte hat Vorrang vor einzelnen Bildern. Diese kommen im 3. Kapitel eigens zur Sprache.

Tipp 4: Den Traum als Spiegel oder Kontrast verstehen

Viele Träume erschließen sich durch den Vergleich zwischen dem Traumerleben und dem Erleben am Tag:

- *Erlebe und verhalte ich mich im Traum ähnlich wie im Wachen?*
- *Kenne ich das im Traum erlebte Gefühl* – in unseren Beispielen wie es ist zu fliegen oder rasant Auto zu fahren – *auch aus meinen alltäglichen Lebensbereichen? Oder bringt der Traum andere, vielleicht unerkannte Seiten ans Tageslicht?*

Träume sind wie ein Spiegel der Seele; meist lieben sie es, zu übertreiben. Sie können wie in einem Vergrößerungsspiegel bis zur Groteske verzerren, was in einem Menschen lebt. Oft aber bringen sie das Gegengewicht zum Tageserleben. Denn die friedliebendsten Menschen können die blutrünstigsten Träume haben, nur scheuen sie sich davor, sie zu behalten; die Träumenden würden mit ihrer Konfliktfähigkeit und Aggressivität konfrontiert, die sie im bewussten Leben (meistens aus Angst) vermeiden wollen. Ebenso können die sittsamsten Erdenbürger die ausschweifendsten Träume haben – aber sie sind eben zu sittsam, um sich an sie zu erinnern oder gar zu erzählen, geschweige denn, sie als Impuls und Korrektiv zu verstehen. Oder: Eine Frau, die tagsüber fast ständig unter Unruhe leidet, träumt regelmäßig von einer Frau, die in aller Ruhe eine Sache nach der anderen bewältigt.

Wer sich einen befremdlichen oder schockierenden Traum merkt, dem ist zu gratulieren: Er oder sie erlaubt sich, die Grenzen des Üblichen oder des bisher Erlernten zu überschreiten (das gilt besonders für die Bereiche Aggression und Sexualität). Wer sich auf dieses Andere der Traumsprache einlässt, kann Köstliches erleben. Wundern Sie sich also über nichts, was im Traum passiert!

Oft genug wird es Sie zum Schmunzeln bringen, was da alles in Ihnen lebt.

„Ich bringe alles durcheinander, finde nichts mehr in meiner Wohnung. Es ist entsetzlich!“ Ein extrem ordnungsliebender Mensch erlebt sich im Traum als Chaot. Er ist schockiert, weil er sich sonst immer über das Chaos, das andere Menschen verbreiten, beschwert. Da er den Mut hat, diesen Traum zu behalten, könnte er erkennen: Auch das Chaos lebt in ihm! Das ist wichtig, um andere Menschen zu verstehen. Denn oft genug bekämpfen wir am anderen, was wir an uns selbst nicht zulassen. Der Traum vom inneren Chaos kann dem Ordnungsliebenden zeigen, dass es eben auch die andere Seite in ihm oder ihr gibt. So wird er oder sie vielleicht toleranter gegenüber dem zum Chaos neigenden Partner. Es wäre natürlich hilfreich, wenn beide Partner entsprechende Träume behalten könnten!

Ein solches Wahrnehmen von Träumen, die dem bisherigen Lebensgefühl widersprechen, trägt also wesentlich zur Erweiterung des persönlichen Horizonts und zu einem friedlicheren Zusammenleben mit andersgearteten Menschen bei.

Tipp 5: Auch Tagesreste und körperliche Auslöser symbolisch verstehen

„Das war, weil ich einen Konflikt mit der Chefin gehabt habe, ... weil mir der Computer abgestürzt ist, weil ich eine Urlaubsreise gebucht oder mir ein neues Auto gekauft habe.“ – „Das war nur Unsinn, einfach das Bürochaos!“

Damit kann ein Träumer zur Tagesordnung übergehen und den Traum wieder beiseitelegen und vergessen. Schade um den Traum! Denn auch ein scheinbar banaler Traum hat eine tiefere Aussage. Er zeigt, was vom Tag noch unverarbeitet ist. Warum ist aus dem vielen, was sich ereignet hat, ausgerechnet die Computerpanne oder jener Konflikt mit einer Autorität so wichtig? Was hat das mit mir persönlich zu tun?

„Ich werde von einem Polizisten angehalten, weil ich angeblich zu schnell gefahren bin. Ich will mich verteidigen, aber die Amtsgewalt siegt: Ich muss eine viel zu hohe Strafe bezahlen.“ Verärgert wacht der Mann auf. Die Traumszene erinnert ihn an ein Ereignis des Tages. Er wurde angehalten, fühlte sich unschuldig und erhielt dennoch das vorgesehene Strafmandat. Im Traum lebt der Mann den Ärger aus, den er am Tag mit Achselzucken beiseitegeschoben hat. Zugleich weist der Traum auf offene Probleme des Mannes. Dass ihm diese Szene so bedeutsam ist, um sie im Traum aufzugreifen, hat mit einem alten Autoritätsproblem zu tun: Seine ganze Kindheit hindurch hatte er unter einem autoritären Vater und einem dominanten älteren Bruder gelitten. Das Grundgefühl im Traum ist die Ohnmacht. Der Träumer (inzwischen selbst erfolgreicher Manager) fühlt sich ausgeliefert, wie damals in der Kindheit. Keiner geht auf seine Argumente ein; die Strafe ist für ihn ungerecht, jedenfalls unverhältnismäßig hart. – Ein solcher Alltagstraum bietet nicht nur die Gelegenheit, unverdaute Tagesreste zu verabschieden, sondern kann auch zur Verarbeitung alter Probleme beitragen.

Auch körperliche Auslöser von Träumen haben in der Art und Weise, wie sie sich im Traum melden, symbolische Bedeutung. „*Das ist ja nur, weil ich Halsweh habe ... dass ich von einem Menschen, der mich gewürgt hat, geträumt habe.*“ Mag sein, dass die Halsschmerzen die Gestalt des Traums angeregt haben, aber die Botschaft des Traums verweist immer auf den Menschen, der träumt. Ein solcher Würgetraum erklärt sich aus einer Erfahrung der Träumerin, im Leben „gewürgt“ zu werden. – Dieses Gesetz der Symbolik unserer Träume gilt auch für die Auswirkungen bei Medikamenten- und Drogeneinnahme, besonders auch für Traumbilder in der Narkose. Sosehr biologische oder chemische Substanzen das Traumerleben prägen können, bleibt der Traum immer Ausdruck der Psyche. Ihr kommt absoluter Vorrang zu.

Tipp 6: Viele Ebenen der Traumbotschaft erwarten

„*Ein Einbrecher dringt in meine Wohnung ein. Ich sehe nur die Umrisse der Gestalt. Er kommt fast bis zu meinem Bett. Zum Glück wache ich in diesem Augenblick auf.*“ Wenn die Träumerin das Gefühl im Traum mit Tageserlebnissen vergleicht, stößt sie auf eine Babysitterin, die sie als eindringend erlebt. Der Traum macht ihr bewusst, dass sie der Angestellten gegenüber klarere Grenzen ziehen soll. Eine Entlassung aufgrund des Traums wäre allerdings problematisch. Dazu braucht es mehr Motive als ein Traumbild. – Später erinnert die Träumerin sich wieder an den Traum. Nun entdeckt sie: Die einbrechende Gestalt hat mit ihren Männerängsten und, mehr noch, mit ihrer spannungsvollen Beziehung zu ihrer Mutter zu tun, die ständig in ihr Leben eingreifen will. Nochmals später wurde jener Träumerin durch ihre Beschäftigung mit dem Traum bewusst, dass auch eine Seite von ihr selbst in der einbrechenden Traumfigur Gestalt annimmt. Denn immer wieder bricht ihre Arbeitswut in ihrem Leben ein und nimmt ihr die Ruhe des Bei-sich-Seins, die sie für sich und ihre Familie bräuchte.

So ist bei jedem Traum, vor allem bei gefühlsintensiven Träumen, mit einer Vielzahl an Aussageebenen zu rechnen. Und häufig sind sehr schnelle Deutungen Widerstand gegen den wahren, vielleicht unbequemeren Sinn. Es ist leichter und immer noch angenehmer, in dem Einbrecher eine Babysitterin zu sehen, als sich der hochemotionalen Männer- und Mutterproblematik zu stellen oder eigene dunkle Seiten zuzugeben. Ein Traumbild kann also Verschiedenstes und immer anderes bedeuten: Äußeres und Inneres – je nachdem, wann ein Mensch den Traum erlebt und erinnert, oder in welchem Zusammenhang er erzählt wird. Diese Unterscheidung zwischen äußeren und inneren Anteilen, auf die die Träume verweisen, ist besonders bei Angst- und Verfolgungsträumen hilfreich. Als Grundregel gilt: Das Geträumte zuerst als Bild für die äußere Wirklichkeit verstehen und erst in einem nächsten Schritt als Seelenanteil. Sonst wird der Ansatz des Traums im realen Leben übersehen.

Die verhüllende Traumsprache eröffnet einem Menschen den Spielraum, wie tief er sich mit sich selbst konfrontieren will und kann – und welche Ebene eben jetzt die wichtigste ist. Zunächst ist es eben die Babysitterin. Denn: Alles hat seine Zeit. Nur ist es ratsam, besonders bei so gefühlsstarken Träumen auf immer neue „Enthüllungen“ gefasst zu sein.

Tipp 7: Jeden Traum in seiner Wahrheit ernst nehmen, aber nicht als Handlungsanweisung verstehen

„Das habe ich ja nur geträumt!“ Beruhigend oder bedauernd stellen wir fest: Es war oder ist eben doch nicht wahr. Wer so denkt, kann nach dem Traum wieder zur Tagesordnung übergehen, und der Traum hat viel von seiner Wirkung verloren. Das muss nicht so sein. Denn eine Grundeinsicht der Tiefenpsychologie nach C. G. Jung besagt: Was immer ein Mensch träumt, ist Teil seiner Psyche und gehört zu ihm. Alles Geträumte ist wahr; schließlich habe ich es geträumt. Irgendwo in mir muss es die Fähigkeit geben, dieses Traumbild zu gestalten. So gesehen ist jeder Traum wirklich – allerdings nicht nur (und meist gar nicht) auf einer vordergründig-realen Ebene.

„Ich schwimme dem Horizont entgegen, in die Weite des Meeres hinaus – es ist wie im Himmel ... !“ – Der Traum macht der Frau bewusst, wie beengt sie sich in ihrer derzeitigen Arbeitssituation fühlt. Aufgrund des Traums reicht sie die Kündigung ein. Diesen Schritt hat sie später sehr bereut. Durch die wirtschaftliche Bedrängnis, in die sie die Kündigung brachte, wurde ihr Leben nicht, wie erhofft, weiter, sondern nur noch enger als vorher.

Sie hätte neben der beglückenden Erfahrung der Weite des Traumbilds auch die reale Begrenztheit ihrer Tageswelt kritisch einbeziehen müssen, damit der Schaden nachher nicht größer ausfallen würde als vorher.

So wahr Träume auch sind, so gefährlich ist es, aus ihnen konkrete Deutungen einer Situation oder gar Anweisungen zu folgenschweren Entscheidungen zu entnehmen. Kritiklose Übertragung von Traumerfahrungen auf die Tagesrealität wird dem Traum ebenso wenig gerecht wie die Missachtung der Träume. Auch hier gilt wie immer das rechte Maß: Träume ernst nehmen, aber an der Lebenswirklichkeit überprüfen. Dazu braucht es auch den Verstand und das klare Kalkulieren und Abwägen.

Tipp 8: Sich auf den eigenen Spürsinn verlassen

Wer einen Traum in Erinnerung behält, darf sicher sein, dass nur er selbst den Traum verstehen kann. Es ist sein oder ihr Traum. Was immer ein anderer dazu beiträgt, ist lediglich Anregung, um das eigene gesunde Gespür für die Träume zu entwickeln oder zu verstärken. So sind auch die Ausführungen dieses Buches gemeint.

Das erfordert auch für jeden, der andere in ihren Träumen begleitet oder dem ein anderer einen Traum erzählt, Ehrfurcht vor dem Geheimnis der Psyche, aus der ein Traum hervorgeht. Denn nur die Träumerin oder der Träumer selbst kann ihren oder seinen Traum einordnen.

Tipp 9: In jedem Traum eine Botschaft erwarten

Jeder Traum trägt eine Aussage in sich, und mag sie noch so vielschichtig und oft verschlüsselt sein. Sie betrifft die innere Entwicklung, kann aber auch sehr praktische Folgen haben. Träume kommen scheinbar aus einer anderen Welt als der des Tages; und doch können sie unsere Lebensgestaltung in hohem Maß beeinflussen. Sie können sie uns in Frage stellen, auf Engpässe aufmerksam machen und neue Perspektiven eröffnen. Ob sie helfen, Gefühle auszuleben, ob sie auf unverarbeitete Bereiche des Lebens aufmerksam machen, ob sie Ressourcen zutage bringen, die ein Mensch für das Bestehen des Alltags braucht: Jeder Traum kann den Träumer zumindest einen kleinen Schritt auf seinem Lebensweg weiterführen.

Tipp 10: Auch bei unangenehmen Träumen der heilenden Kraft vertrauen!

Seit alters sind Menschen von der stärkenden Wirkung des Schlafes mit seinen Träumen überzeugt. Bei vielen Naturvölkern finden sich Riten, die Untergang und Aufgang der Sonne festlich begehen. Sie erinnern an Erfahrungen in Träumen. Ein altägyptischer Mythos macht die Symbolik dieses Eintauchens besonders deutlich. Die Sonne sinkt als alter, müder Greis abends in den Ozean, wird in der Unterwelt gereinigt, von Jungfrauen gebadet und erwacht am Morgen in neuer Jugendkraft: Ein Bild für die erfrischende Wirkung des Schlafes mit seinen Träumen.[1] – Bereits viele Menschen, die sich in dieser

Einstellung auf das Schlafen und Träumen eingelassen haben, konnten etwas von der belebenden Wirkung der Träume erfahren.

Das gilt ganz besonders für die unangenehmen Träume. Sie sind oft die wichtigsten, weil wir in ihnen belastende Erlebnisse verarbeiten. Vermutlich wirken die Träume von sich aus heilend, auch ohne unser Zutun; aber je bewusster wir Träume wahrnehmen, umso mehr können wir ihre Wirkung verstärken. Deshalb sind alle Bemühungen dieses Bandes darauf gerichtet, Zugänge zu den Träumen zu eröffnen, damit die Leserinnen und Leser etwas von dieser heilenden Kraft erleben. Das wird an vielen Beispielen deutlich werden.

Wenn Träume sich wiederholen

Besondere Aufmerksamkeit verdienen Wiederholungsträume. Wenn sie unangenehm erlebt werden (das sind leider die meisten), sind sie ein Hilfeschrei der Seele. Am leichtesten erkennt man sie, wenn ein bestimmtes Traumbild genau oder weitgehend gleich wiederholt wird, oft jahre- oder sogar jahrzehntelang. Schwerer durchschaubar sind Wiederholungsträume, deren zentrales Gefühl in immer anderen Traumbildern wiederkehrt.

Viele Wiederholungsträume verarbeiten schmerzliche Erfahrungen der Kindheit oder des späteren Lebens, kurzzeitige wie länger andauernde Belastungen. Deshalb ist es oft hilfreich zu überlegen, in welcher Lebensepoche diese Art von Träumen begonnen hat. Und es gibt die Erfahrung, dass die Träume erträglicher und seltener werden oder gar aufhören, wenn ein Mensch ihre Botschaft erfasst hat.

Eine Frau träumt jahrelang immer wieder: „*Ich irre in einem fremden Haus über unendlich lange Gänge und sehe keinen Ausweg. Die Häuser ändern sich, aber das Gefühl, verloren zu sein, ist immer dasselbe. Es steigert sich von Traum zu Traum.*“ Begonnen haben diese Träume, nachdem sie zu ihrem Freund gezogen ist. Sie hat ihr Elternhaus und ihren Heimatort aufgegeben und mit der Heirat auch ihren Namen. Damals hatte niemand, am wenigsten sie selbst, wahrgenommen, wie viel sie dabei verloren hat und wie schwer ihr der Abschied gefallen ist. Erst die Träume machen ihr bewusst, wie heimatlos sie sich in der neuen Umgebung fühlt. Sie nimmt die Botschaft der Träume ernst, vollzieht – auch im Nachhinein – nochmals bewusst den Abschied von ihrem Ort der Kindheit. Sie richtet sich in ihrem neuen Wohnort äußerlich und innerlich nach ihrem persönlichen Geschmack ein. So bringt sie – Jahre nach dem Einzug – mehr von ihrem Eigenen in die gemeinsame Wohnung ein. Seitdem erlebt sie sich immer mehr daheim in ihrem neuen Zuhause und die Träume haben sich eingestellt.

Veränderungen innerhalb solcher Traumreihen geben Aufschluss über den Zustand der Psyche. Wenn sich die Not verschlimmert, wie in unserem Beispiel, sind die Träume wie ein Alarmsignal der Seele. Offenbar leidet der Mensch unter einer schweren Belastung. Aber häufig zeichnen sich innerhalb einer Reihe von Wiederholungsträumen auch Lösungsmöglichkeiten ab.

Sie sind oft an geringfügig erscheinenden Änderungen erkennbar. Die Frau könnte sich von Traum zu Traum immer heimeliger in den Häusern fühlen, es könnte heller in den Räumen werden; oder in einer Verfolgungssituation gelingt die Abwehr immer besser; der Verfolger wird zusehends harmloser, die Verfolgung wird nicht mehr lebensbedrohlich usw. Das sind gute Zeichen. Die Veränderungen machen die inneren Kräfte des Menschen deutlich; sie zeigen, wie ein Mensch lernt, mit der Bedrohung oder Herausforderung umzugehen.

Im Folgenden werden die bisher eher grundsätzlichen Überlegungen auf verschiedene Traumbereiche angewendet.

Kapitel 2

Traummotive, die fast jeder kennt

Verfolgung und Aggression im Traum

Wenn ich bedroht, verfolgt, angegriffen werde

„Eine vermummte Gestalt kommt immer näher. Ich fühle mich total wehrlos.“ – Erschöpft wacht die Frau aus dem Verfolgungstraum auf. Am schlimmsten ist das Gefühl der Wehrlosigkeit. Es kommt der Träumerin sehr bekannt vor. Ähnlich hilflos ist sie am Tag ihrer ständigen Überlastung mit Kindern und Beruf ausgeliefert. Der Traum hält ihr – übertrieben, wie die Traumsprache nun einmal sein kann – ihre Situation vor Augen und erweckt ihren Protest dagegen: So will sie nun doch nicht leben! Ihre ersten Schritte der Abwehr sind: Sie zieht ihren Mann mehr zur Verantwortung und engagiert eine Haushaltshilfe.

Andere wieder erleben in einem Angreifer oder Verfolger des Traums einen Vorgesetzten oder Mitarbeiter, auch vertraute Menschen, sogar die eigenen Kinder. Auch weibliche Personen können sich in einem männlichen Angreifer verbergen. Bedrohliche Tiere oder anonyme und gesichtslose Angreifer können den Urheber einer Bedrohung fast unkenntlich machen. Besonders zu beachten ist dieses verdeckende Phänomen der Traumsprache bei tatsächlich erlebten Gewaltakten oder bei Missbrauch. Das scheint ein seelischer Schutz zu sein, weil es leichter ist, jemand Fremden als jemand, der einem sehr nahesteht, in dieser aggressiven Form zu erleben.

Es gibt aber auch den Angreifer in mir selbst. Arbeitswut oder Suchtverhalten, extremes Pflichtbewusstsein, Schuldgefühle oder Erziehungsmuster der Kindheit können in einer verfolgenden Traumgestalt symbolisch dargestellt sein. Eine angreifende Traumfigur kann auch Bild für die eigene, meist nicht erlaubte Aggression sein. Sie ist die stärkste Grundkraft im Menschen, oft missverstanden und verpönt („aggressiv" wird noch immer abwertend oder als Schimpfwort gebraucht). Bei allen Formen von Gewalt, die im Traum erlebt werden, gilt die dringende Empfehlung: zuerst die Außenwelt nach möglichen Bedrohungen überprüfen, um ihnen entgegnen zu können! Erst wenn diese Ebene der Deutung ausgeschöpft ist, gilt es, in der Innenwelt zu suchen.

Denn wer einen Angriff nur als inneren Kampf versteht, übersieht Bedrohungen in der Außenwelt. Statt sich Auseinandersetzungen zu stellen, bezieht ein Mensch die Aggression, die er im Traum erlebt, nur auf sich, oft in Form von Schuldgefühlen, und schadet damit nur sich selbst. Die Depression, zu der Menschen, die so träumen, neigen, wird mit einer solchen einseitigen Traumdeutung nur verstärkt. Hilfreich ist die Traumarbeit, wenn der Träumende die Bedrohung nicht nur wahrnimmt, sondern auch in seiner Abwehr unterstützt wird. Bei vielen Verfolgungsträumen gibt es im Traum selbst (zumindest bei näherer Betrachtung) Anzeichen dafür, dass der träumende Mensch sich widersetzt oder der Gefahr entkommt.

„*Ich trete aus meinem Haus und will die frische Abendluft genießen. Da werde ich von einem unbekannten Wesen von hinten an den Haaren gepackt und zurückgezogen; ich stemme mich mit aller Kraft dagegen und wache erschöpft auf. Aber ich glaube, ich habe gewonnen.*“ Das stärkste Gefühl im Traum ist der Druck, mit dem die Frau sich nach hinten gezogen fühlt. Ich lade sie ein, bei diesem Gefühl zu bleiben und nachzuspüren, woher sie das aus ihrem täglichen Leben kennt. Sie stößt zunächst auf eine nahestehende Person, von der sie den Eindruck hat, sie fällt ihr in den Rücken. Im Traum kann sie sich gegen den Angreifer stellen, indem sie sich mit beiden Füßen in den Boden und mit dem ganzen Körper nach hinten, gegen den Angreifer stemmt. Ermutigt durch den Traum, lernt sie, auch am Tag mehr ihrer eigenen Bodenständigkeit zu trauen und sich in kritischen Situationen zur Wehr zu setzen. – Bei weiterem Erspüren des Traums stößt sie auf die Serie von Krankheiten, die sie in der letzten Zeit erlebt. (Sie sind vermutlich in hohem Maß psychosomatisch.) Ähnlich der dunklen Traumgestalt überfallen seit Monaten immer neue Symptome die Frau wie aus dem Hinterhalt. Die Erfahrung ihres Widerstands übt sie auch unabhängig vom Traum. Sie gewinnt damit innere Sicherheit.

In anderen Verfolgungsträumen finden sich hilfreiche Personen, Tiere oder glückliche Umstände; sie lassen Ressourcen des Träumers erkennen.

Wenn im Traum allerdings kein Lösungsansatz zu finden ist, dann macht das deutlich, dass der Mensch hilflos und schutzbedürftig ist. So unangenehm solche Träume auch sind, können sie in der Folge sehr heilsam sein: Menschen entdecken ihre Wehrlosigkeit, suchen Unterstützung oder setzen kleine Schritte zur Verteidigung ihrer eigenen Bedürfnisse.

Sanfte werden zu Mördern – Aggressivwerden im Traum

„Ich beschließe gemeinsam mit einer Freundin, einen Mann zu ermorden. Wir planen den Mord bis ins Detail und führen ihn Zug um Zug durch, irgendwie bestialisch, richtig mit Lust. Es macht auch noch Spaß, den Leichnam zu zerstückeln." Entsetzt wacht die Träumerin auf. Das bin doch nicht ich! Der Traum ist ihr höchst peinlich. Sie kann sich im normalen Leben wenig durchsetzen und leidet seit Jahren an Depressionen. Ich gratuliere ihr zu dem Traum: dass sie ihn behalten hat und auch noch erzählt! Das Traumbild vom minutiösen Planen und Durchführen des Mordes zeigt, dass die Frau jene aggressiven Impulse aus ihrem Unbewussten zulässt, die sie im Tageserleben nur sehr wenig zulassen kann. Mit Hilfe dieses Traumsymbols lernt sie auch andere Seiten als die depressiven in sich zu entwickeln. Ihre gesunde Aggression beginnt mit dem Mut, „nein" zu sagen, wenn es für sie besser ist, nicht immer verfügbar zu sein. Sie gestaltet ihren Tagesablauf mehr nach ihren eigenen Wünschen, sie ist nicht nur am Sprung zum Einsatz für

Kinder und Enkel. Sie entdeckt ihre gesunde Aggressivität als Fähigkeit, den Schritt ins Eigene zu machen.

In der Arbeit an diesem Traum stellte sich zunächst gar nicht die Frage, wer der Ermordete sein könnte; wichtiger war der Träumerin ihr innerer Impuls zu morden und das Lustgefühl dabei. Bei näherem Zusehen entdeckt die Frau im Mann, den sie mordet, ihren Mann, der schon viele Jahre tot ist. In diesem Traum kann sie sich zum ersten Mal gegen die vielen Verletzungen, die er ihr zugefügt hatte, wehren. Der Traum hilft ihr beim Verabschieden von traumatischen Erlebnissen ihrer Ehe.

Wäre jemand, der so träumt, auch im Tageserleben häufig aggressiv, dann hätte der Traum eine völlig andere Aussage: Er würde in extremer Weise dem Träumer seine mörderischen Impulse vor Augen führen. Für die eine Ermutigung, für den anderen warnender Spiegel: So unterschiedlich kann dasselbe Traumbild sein, je nachdem, wer es in welcher Situation träumt.

Spielarten von Kloträumen

Einen Drang zur Entleerung zu spüren, gehört zu körperlichen Grunderfahrungen in der Nacht und wird in Träumen seit jeher verarbeitet. Die Gestalt dieser Träume unterscheidet sich von einem Träumer zum anderen. Der eine sucht ein „Örtchen“ und findet es nicht; ein anderer hat es gefunden und dann gibt es keine Tür; oder der Ort erweist sich als ungeeignet; andere machen dem Träumer den Platz – kaum, dass er ihn gefunden hat – streitig; oder die Entleerung ist schmerzhaft oder funktioniert nicht …

Wer so träumt, mag sich je nach der Art seines Traums fragen: Finde ich meinen Ort der Entspannung? Erlaube ich mir genug Türen, die mir meinen Privatbereich sicherstellen? Behaupte ich mich, wenn es um meine Bedürfnisse geht? Kann ich die Lust des Entleerens genießen – oder wird mir diese Lust aus verschiedensten Gründen verwehrt?

Falls jemandem ein Traum vom Urinieren peinlich ist, wäre zu fragen, wie er oder sie mit der Körperlichkeit umgeht. Warum ist es peinlich, einen Traum, der von einer natürlichen Körperfunktion handelt, zu träumen, zu behalten und zu erzählen?

Es geht auch ganz anders. *Ein Büroangestellter vernimmt in einer bedrohlichen Traumsituation eine ermutigende Stimme hinter einer Klotür.* Der einzige Rettungsanker in der Szene geht von der Toilette aus; dort hatte der Träumer die Hilfe am wenigsten vermutet. Der Traum öffnet dem Mann, der sich in seiner Arbeitssituation derzeit in die Enge getrieben fühlte, die Augen dafür, dass nicht alle gegen ihn sind. Am nächsten Tag entdeckt er unerwartet jemand, der ihm zur Seite steht. Es ist eine Raumpflegerin. Sie hilft ihm, psychisch zu überleben. Alles ist im Traum möglich.

Sexualität im Traum

Ein knapp 100-Jähriger erinnert sich mit dem Ausdruck größter Lust an seine sexuellen Träume: „*Wenn eine Frau für mich sexuell besonders reizvoll war, habe ich im Traum wilden Sex mit ihr gehabt – und dann konnte ich sie am Tag mit Leichtigkeit in aller Ruhe ziehen lassen, auch ohne Sex mit ihr zu haben.*“ Die Träume bringen dem vitalen Mann jahrzehntelang, bis in die hohen 80er-Jahre hinein zumindest im Traum jene Erfüllung, die ihm seine sexuell wenig ambitionierte Frau nicht ermöglicht und die er sich aufgrund seiner hohen ethischen Ansprüche anderswo nicht erlaubt. So löst der Traum den Konflikt zwischen dem Lustbedürfnis des Mannes und seinem Bemühen um partnerschaftliche Treue. Das Erstaunlichste ist: Der Traum bringt offenbar solche Befriedigung, dass das körperliche Bedürfnis schwindet oder zumindest spürbar entlastet wird.

Die starke Auswirkung sexueller Träume erklärt sich zum einen Teil aus den organischen Grundlagen. Denn Untersuchungen in Schlaflabors ergaben, dass die meisten Menschen im Schlafen, besonders während der Traumphasen, sexuell erregt sind. Vermutlich haben wir viel mehr Träume mit sexuellen Inhalten, als uns bewusst ist. Aber wie sie erinnert und genützt werden, das hängt zum größeren Teil von der Einstellung des träumenden Menschen ab. Und hier liegt wohl die eigentliche Erklärung für die befreiende Wirkung jener Traumreihe. Es geht nicht primär um die physische Entladung im Schlaf; nachhaltig wirksamer ist wohl die innere Befreiung von Zensuren und Verboten des Tageslebens. Ein Mensch, der den Großteil seines Lebens unter extremem Leistungsdruck gestanden ist und durch Moral und Religion eingeschränkt ist, darf im Traum endlich einmal er selbst sein: In diesem Bereich seines Lebens kann er sich gönnen, das zu tun, was er sich wünscht und was ihm guttut! Erlaubte Lebenslust – das ist wohl das Geheimnis dieser Traumwirkung.

Auch sexuelle Träume sind also grundsätzlich symbolisch und lassen viele Spielarten und Deutungsebenen offen. Während jener alte Mann in seinen Träumen in erster Linie seine persönlichen sexuellen Entbehrungen kompensiert und verarbeitet, so liegt in anderen sexuellen Träumen stärkerer Akzent auf der Beziehung, die in der sexuellen Szene symbolisch dargestellt wird.

„*Ich habe mit meinem Mann Sex, sehr spontan und aufregend, oft nacheinander, immer an unerlaubten oder unüblichen Orten (im Aufzug, im Auto, auf offener Straße …), so einfach drauflos!*“ Schmunzelnd erzählt die junge Frau die Träume, die sich variantenreich wiederholen. Noch vor Kurzem hatte sie bedauert, dass sie und ihr Mann sich irgendwie entfremden – und dann melden sich diese Träume!

Im inneren Nacherleben der Träume wird der Frau klar, dass viel mehr zwischen ihr und ihrem Mann läuft, als ihr in der letzten Zeit bewusst war. In der Folge der Träume hat sich das Sexualleben der beiden intensiviert. Im Bild der sexuellen Anziehungskraft entdeckt die Träumerin auch anderes, das sie mit ihrem Mann verbindet: gemeinsame Ziele, geistige Interessen. Zugleich erlebt die Frau, die zur Zeit der Träume an Erschöpfungszuständen leidet, in den Träumen ihre innere Lebendigkeit und Vitalität. Besonders reizvoll ist für sie das Unübliche und Unerlaubte in den geträumten Sexszenen: Seit der frühen Kindheit musste sie extrem angepasst leben; nun entdeckt sie in sich den Mut zum Protest gegen herkömmliche Weisungen und Vorgaben. Wie jener alte Mann, so erlaubt auch die junge Frau sich – wie sie sagt, zum ersten Mal in ihrem Leben – träumend einfach spontan ihrer Lust zu folgen; und später setzt sie den Impuls in kleinen Bereichen mit Wonne um – in schmunzelnder Erinnerung an die ausgelassenen Traumszenen.

„*Eine fremde Frau stürzt sich auf mich und will mich vergewaltigen.*" Im Traumbild dieses Mannes lebt eine Urangst des Männlichen, vom Weiblichen vergewaltigt oder verschlungen zu werden. Sie findet sich bei vielen Völkern und hat im Abendland in der Hexenverfolgung schlimmsten kollektiven Ausdruck gefunden. Wenn solche Ängste der Menschheit in Träumen auftauchen, sind sie immer auch individuell gefärbt, weil sie von der persönlichen Erfahrung des Träumers geprägt sind. – Konkret erlebt jener Träumende seine Partnerbeziehung als einengend. Der Traum macht ihn darauf aufmerksam, dass seine Bedürfnisse und Wünsche oft nicht ernst genommen werden; er fühlt sich gleichsam vergewaltigt, über ihn wird hinweggegangen oder willkürlich verfügt. Dass er nicht von seiner eigenen Frau geträumt hat, erklärt sich vielleicht durch eine innere Scheu, die Beziehung nicht zu gefährden. Es gibt da eben auch andere Seiten als die Vergewaltigung, die der Traum so plastisch – wieder einmal in der typischen Übertreibungsmanier der Traumsprache – ausdrückt. Jedenfalls wird der Mann durch den Traum aufgerüttelt. Er nimmt seine Situation deutlicher wahr und lernt, sich mehr durchzusetzen. Es beginnt damit, dass er seine Bedürfnisse klarer und erfolgreicher zum Ausdruck bringt als früher.

Noch ganz anderes kann in einem Traumbild dieser Art begegnen: eine besitzergreifende Mutter, ob sie noch lebt oder nicht; überhaupt die Sexualität, die einen Menschen verschlingen kann, wenn der sexuelle Bereich abgründig-vital, wenig partnerschaftlich-vermenschlicht und so vom übrigen Leben ausgegrenzt ist. Oder gibt es im Träumer Anteile seiner Seele, die ihn vergewaltigen oder einengen? Fast unbegrenzt sind die Impulse, die aus einem solchen Traumbild ergehen können, je nach der persönlichen Lebenssituation und Wahrnehmung des Träumers.

„*Ich liege nackt neben meinem Freund und fühle mich sehr erregt.*" Der Traum ist dem Mann peinlich. Einer Frau gegenüber wäre es normal; aber bei einem Mann? – Homoerotische und homosexuelle Träume gehören zu jenen Träumen, die bei Menschen, die sich ansonsten heterosexuell erleben, leicht Schamgefühle hervorrufen. Vermutlich haben alle Menschen sowohl die heterosexuelle als auch die homosexuelle Veranlagung in sich; es ist also überhaupt nicht verwunderlich, dass wir so träumen. Und wenn wir die sexuellen Träume wie alle anderen symbolisch verstehen, sind sie auch Bild für die Energie, die zwischen Menschen fließt. – Die Beziehung zu jenem Freund, von dem der Mann geträumt hatte, war zum Zeitpunkt des Traumes eher distanziert; die frühere Vertrautheit war scheinbar abhandengekommen. Aber der Traum zeigt dem Träumer, dass er noch immer eine innige Beziehung zu jenem Freund verspürt. Das Ernstnehmen des Traumbilds motiviert den Träumer, sich bewusster um die Beziehung zu bemühen.

„*Ich habe höchst lustvollen Sex mit einer neuen Arbeitskollegin.*" Der Mann wundert sich über den Traum, weil ihm die Frau bisher kaum aufgefallen ist. Schon lange hatte er sich nicht so sexuell aktiv wie in jenem Traum erlebt. Er freut sich einfach über die Vitalität seines Traum-Ich. Auch das ist eben er.

Folgende Fragen helfen ihm, noch anderen Aspekten des Traums auf die Spur zu kommen:

Übt jene Frau mehr Anziehungskraft auf ihn aus, als ihm am Tag bewusst ist? Ist die Sexszene ein Symbol für die innere, geistige Nähe zu jener Frau? Steht die Traumpartnerin für jemand anders, zu dem er sich hingezogen fühlt, ohne es sich einzugestehen oder zu erlauben? Ist der Traum auch Projektion seiner sexuellen Wünsche, wenn sie sonst zu wenig erfüllt werden? Oder ist die geträumte Frau Bild für die innere, weibliche Seite des Träumers?

Denn jede sexuelle Begegnung im Traum kann Bild für die innere Verbundenheit mit einem anderen, auch mit anderen Seiten des Ich sein. Symbolisch in tiefstem Sinn wäre: Jener Mann tritt über das Bild der Sexualität in Kontakt mit einer weiblichen Seite in ihm selbst oder mit seiner Seele. Diese Deutungsebene ist vor allem für jenen Träumer überraschend, aber sehr folgenschwer, denn im wachen Leben erlebt er sich eher rational-pragmatisch und wenig gefühlsintensiv. So nähert der Träumer sich über ein ihm vertrautes Bild (nämlich das der

Sexualität) der anderen Seite seines Inneren, die am Tag oft zu kurz kommt. Diese ist ihm weniger vertraut.

Wieder zeigt sich die große Spannbreite in der Symbolik sexueller Träume. Sie rühren an die vitalen Grundlagen unserer Natur und können vermutlich alle Dimensionen unseres Menschseins symbolisieren: von der körperlich-sexuellen Vitalität bis in den Bereich des Spirituellen.

Nacktheit im Traum

Ein Mädchen träumt vom 10. bis zum 14. Lebensjahr immer wieder: *„Ich bin in einem gläsernen Pavillon, er ist 6-eckig oder 8-eckig. Ich bin nackt, manchmal bin ich allein, öfter ist ein Mann bei mir. Er ist auch nackt. Ich habe alles, was ich mir wünsche, er bietet mir alles, was ich brauche. Es knistert sehr erotisch, auch sexuell; ich erinnere mich nicht genau, was geschieht, aber ich bin sehr erregt. Rundherum sind große gläserne Wände. Ich brauche nichts tun.“* Jahrzehntelang hat sie den Traum niemand erzählt. Schon als Kind fühlte sie sich schlecht und noch als Erwachsene schämt sie sich, wenn sie ihn erzählt. Erst wenn sie diese Zensuren beiseitelässt und in das ursprüngliche Traumgefühl hineinspürt, entdeckt sie: Sie ist einfach glücklich im Traum. Endlich einmal nicht arbeiten müssen!! Von klein auf hat sich die Bauerntochter daheim als Dienstmagd gefühlt. Und jetzt wird sie bedient: Es ist unbeschreiblich schön! Die gläsernen Wände machen den Raum hell; es ist egal, ob jemand hineinsieht. Wichtig ist: Sie kann hinausblicken, sie fühlt sich einfach frei und glücklich. Nach Jahrzehnten kann sie die Wirkung des Traums voll auskosten: Wenn es endlich einmal erlaubt ist, nackt, frei und unbeschwert, einfach sie selbst zu sein: Ein Nacktheitstraum als Ressource!

Eine Frau träumt in derselben Nacht zweimal vom Nacktsein. *„Ich sitze in meinem Wohnzimmer, mit meiner Familie und mit Freunden, alle sind nackt, und es ist völlig selbstverständlich, total wohlig. Dann gehe ich nackt auf die Straße, ich fühle mich nicht so wohl und halte mir eine Decke vor. In diesem Aufzug betrete ich ein Kaffeehaus. Die Besitzer, ein Mann und eine Frau, sind verdutzt. Ich setze mich auf einen Hocker, benütze die Decke als Unterlage, um es bequem und hygienisch zu haben; jetzt bin ich also ganz nackt. Die Besitzer beraten, ob sie mich bedienen sollen. Ich finde die beiden spießig – und werde am Ende doch bedient.“* Die Wohnzimmerszene, in der die Träumerin sich nicht schämt, drückt ihre innere Harmonie aus. Wie das Pavillon-Traumbild des Mädchens, so erinnert auch diese Szene an die Paradiesgeschichte der Bibel, in der es keine Scham gibt.[2] Wo die Welt in Ordnung ist und der Mensch einfach Mensch sein darf, dort ist Nacktheit selbstverständlich-wohlig: Ich darf so sein, wie ich bin. Ich muss mich nicht meiner Menschlichkeit schämen, ich brauche nicht ständig Gewänder, Masken, Rollen, Erklärungen, Alibis. Soweit im vertrauten Bereich des „Wohnzimmers“. Auf der Straße, der Öffentlichkeit ausgesetzt, ist es anders. Hier braucht die Träumerin Schutz, auch wenn er trügerisch ist: an der

Vorderseite, im unmittelbaren Kontakt mit anderen, kann sie sich irgendwie bedecken. Hinten (im Unbewussten?) ist sie ungeschützt. – Im Kaffeehaus gibt es eine bemerkenswerte Änderung. Zunächst bedeckt sie sich wie auf der Straße, also nur vorne. Doch dann siegt ihr Bedürfnis nach körperlichem Wohlgefühl und sie benützt die Decke als Unterlage für den Hocker. Dadurch wird der Protest gegen die „spießigen" Besitzer verstärkt. Die Träumerin fühlt sich immer freier in der Szene und erreicht schlussendlich, was sie will: Sie wird bedient. Der Traum spiegelt ihren persönlichen Weg, um das zu bekommen, was sie braucht und dabei einfach frei („nackt") sie selbst zu sein. Dazu gehört auch die Auseinandersetzung mit den äußeren und inneren „Spießern".

„Ich sitze in Spitzenunterwäsche und mit einem Mantel darüber in der letzten Bank einer Kirche; der Strumpfgürtel ist samt Unterhose hinuntergerutscht. Zuerst merke ich meinen Aufzug gar nicht; aber sobald der Gottesdienst zu Ende ist und die Leute beim Verlassen der Kirche an mir vorbeikommen könnten, gerate ich in Panik und versuche verzweifelt, die Unterwäsche hochzuziehen, aber diese klemmt an den Knien." – Das schlimmste Gefühl in diesem Traum ist das Bloßgestelltsein. In der Traumarbeit erinnert die Frau sich daran, dass sie vor mehr als 20 Jahren genau auf jener Bank am Weg zum Scheidungsrichter Ruhe gesucht hat. Der Traum verarbeitet die alten Wunden: das Gefühl, bloßgestellt zu sein, zumal in jener ländlichen Gegend. Zugleich zeigt der Traum die Ressourcen der Frau: Da ist ja der wärmende, schützen-

de Mantel! Den hatte sie damals zu wenig gehabt oder nicht genug nützen können. Und auch im Traum übersieht sie ihn beinahe. Doch gerade dieses Element des Traums stärkt sie in der nächsten Zeit. Es beginnt mit einer wohligen Decke, die sie sich gerne umhängt. Eine andere Ressource wird in der Spitzenunterwäsche erkennbar, die jener Träumerin im Tagesleben fremd ist. Im Traum erfährt sie sich – bei allem Schamgefühl – auch als verführerisch. Und noch eine andere Beobachtung entlastet die Träumerin.

Wie in vielen peinlichen Nacktheitsträumen sind die anderen, vor denen sie sich schämt, in keiner Weise schockiert; sie nehmen den wenig bekleideten Zustand entweder nicht zur Kenntnis oder sie stoßen sich nicht daran. Bei näherer Betrachtung des Traums zeigt sich also: Die Träumerin hat in sich noch ganz anderes als die Scham! Neben der altbekannten Not des Ausgesetztseins erlebt sie auch ihre vielen Möglichkeiten, damit umzugehen: den schützenden Mantel, die Spitzenunterwäsche, die Sichtweise der anderen, die nichts an ihrem Aufzug finden. So schlimm ist es eben nun doch nicht!

„Ich will – und ich kann nicht"

„Ich will einen Zug (oder ein anderes Verkehrsmittel) erreichen und versäume ihn – immer aus anderen Gründen: der Koffer ist nicht gepackt oder lässt sich nicht schließen, weil alles herausquillt; die Schmutzwäsche ist nicht gewaschen, die Kinder nerven, kein Taxi ist da, alle Ampeln sind rot, die

Uhr bleibt stehen, ständig läutet das Telefon ...“ Unendlich fantasievoll scheint die Traumsprache zu sein, um uns am Erreichen eines Verkehrsmittels zu hindern. An solche Träume erinnern sich interessanterweise meist nur Menschen, denen im normalen Leben selten oder nie Ähnliches passiert. Sie selbst oder Menschen aus ihrer Umgebung können nur schmunzeln über die Vorstellung, dass sie in so chaotischer Weise von einem Termin abgehalten werden. Denn sie haben die Koffer schon Stunden oder Tage vor der Abreise gepackt, berechnen alle Eventualitäten mit ein und sind auch sonst überpünktlich. So auch diese Träumerin.

Hier treibt der Traum wohl eines seiner köstlichsten Spiele mit uns: Er hält uns ungeschminkt unsere andere Seite vor Augen. In unserem Unbewussten haben wir ja immer den Gegenpol: Je ausgeprägter der Sinn für Pünktlichkeit, Verlässlichkeit und Ordnung in der bewussten Lebenseinstellung ist, umso ausgeprägter ist im Unbewussten das Gegenteil. Leider kann jemand, der so träumt, die innere Unordnung, mit der er durch den Traum konfrontiert wird, nicht einfach genießen, weil ein Stressmoment da ist: Der Zug sollte doch erreicht werden! Etwas in uns erlaubt dieses Durcheinander nicht; durch den Stress werden wir sozusagen bestraft dafür. Ein pünktlicher Mensch muss doch in Panik geraten, wenn es knapp wird! So sagt das eine, lange erlernte Prinzip des Bewusstseins. Aber es gibt eben noch anderes, das zeigt ein solcher Traum.

„Ich bin mit meiner Familie am Bahnsteig, der Mann ist mit den Kindern schon eingestiegen, und ich komme ein-

fach nicht in den Zug – es ist, als ob die Füße am Boden kleben würden; es ist entsetzlich. Ich wache total gestresst auf.“ – Als erste Reaktion auf den Traum wirft sich die Träumerin vor, dass sie ihre Pflichten der Familie gegenüber vernachlässigt, wenn sie diese allein lässt. Auf meine Einladung, zu spüren, was sie im Traum eigentlich will, atmet sie auf: Sie will jetzt überhaupt nicht wegfahren! Sie möchte am liebsten am Bahnsteig sitzen bleiben und ihrer Familie seelenruhig nachwinken! Dann hätte sie endlich einmal ein Wochenende oder wenigstens ein paar Stunden der Ruhe für sich. Der Traum zeigt den Konflikt zwischen dem Pflichtgefühl (den Zug nicht verpassen dürfen) und den persönlichen Bedürfnissen der Träumerin (den Zug verpassen wollen).

Das Traummotiv vom Verpassen eines Zuges kann auch viele andere Daseinsbereiche von Träumern symbolisieren. Oft ist ein Mensch im inneren Konflikt zwischen dem „Fortfahren-“ (das heißt auch: Neues unternehmen, sich verändern) und dem „Dableiben“-Wollen (dass alles doch beim Alten bleibt). Eine Seite im Menschen will abreisen, Neues wagen – die andere verbietet den Wunsch. Es kann sehr befreiend und heilsam sein, im Wachen – auch aufgrund eines solchen Traums – eine „Standort“-Bestimmung vorzunehmen. Was ist jetzt angesagt? Es gilt, den richtigen Zeitpunkt und die entsprechende Form für das Bewahren oder für die Veränderung zu finden.

„Ich will um Hilfe rufen und bringe keinen Laut heraus; ich will laufen und die Füße kleben am Boden; ich will etwas kaufen, das ich dringend brauche oder mir sehr wünsche,

und es gibt keine Geschäfte oder sie sind geschlossen oder leer; ich will einer Gefahr entkommen und es gelingt nicht ..." Auch in Traumbildern dieser Art wird ein innerer Zwiespalt deutlich. Wer um Hilfe rufen will und doch keinen Laut herausbringt, hat in sich zumindest zwei „Seelen": Die eine will sich wehren, die andere will oder kann es nicht. Die eine Seite im Träumer akzeptiert den Angriff nicht, will um Hilfe rufen oder will sich einfach etwas kaufen; diese lebensbejahende Seite vertritt sozusagen die Bedürfnisse und Interessen des Träumers. Doch da gibt es eine andere Seite des Ich, die die Lebenslust verbietet. Sie hindert den Träumenden daran, um Hilfe zu schreien oder sich zu wehren; sie verschließt dem Träumer die Geschäfte, in denen er etwas Wichtiges oder Angenehmes für sich kaufen könnte.

Die meisten Menschen, die so träumen, durften von Kindheit an nicht trotzen oder sich anders durchsetzen, wenn es um die eigenen Bedürfnisse und Wünsche ging. Leise sein, nicht auffallen war jahrzehntelang die Devise. Lieber ertragen, nachgeben und den Mund halten! Aber in jedem Alter ist es möglich und oft notwendig, sich einengenden Autoritäten der Kindheit zu widersetzen, um dem Ich Raum und Entfaltungsmöglichkeit zu geben. So kann ein Mensch in bewusstem Protest zu jenen Erziehungsmustern der Kindheit, die ihn (öfter sie!) nur zu Selbstaufgabe angehalten haben, seinen Weg der Selbstbehauptung einschlagen. Es beginnt vielleicht mit ganz kleinen Schritten: nicht zulassen, dass jemand anderer sich an einer Supermarktkasse vordrängt, sich wehren, wenn man angegriffen wird, ein fehlerhaftes Produkt zurückgeben, ein Geschäft wieder verlassen, ohne etwas gekauft zu haben, oder in anderer Form für die eigenen Rechte eintreten.

Fallen im Traum

In einen finsteren Abgrund stürzen, mit einem Aufzug in die Tiefe sausen: Traumbilder wie diese lassen viele Menschen schweißgebadet aufwachen. Die Angst vor dem Fallen gehört zu den Urängsten der Menschheit. Vermutlich hat jeder Mensch Träume, in denen sich solche Ängste ausdrücken, auch wenn sie nicht bewusst werden. Wenn sie allerdings oft wiederkehren und sehr belasten, machen sie auf Defizite im Leben eines Menschen aufmerksam. Wer so träumt, könnte die Grundlagen seines Lebens näher betrachten: Habe ich genug tragfähigen „Boden" unter meinen Füßen? Dazu gehören existentielle Sicherheit, Heimat, Geborgenheit, Kontakte, Körperbezug.

Meist führen die Spuren solcher Angstträume in die frühe Kindheit eines Menschen zurück. Wenn jemand am Anfang seines Lebens zu wenig Geborgenheit erlebt hat, dann leidet er auch später an der Bodenlosigkeit. Umso wichtiger ist es, hier und jetzt für den eigenen „Boden" zu sorgen. Träume vom Fallen in das Bodenlose laden einen Menschen dazu ein, seine Lebensbasis bewusst zu suchen und zu pflegen: vom Wahrnehmen und Pflegen des Körpers bis zum bewussten Suchen nach Kontakten, erfüllender Tätigkeit, materieller und sozialer Sicherheit und Geborgenheit.

Todesträume?

Träume vom Sterben und vom Tod

Träume vom Tod können in besonderer Weise berühren, oft auch erschrecken. Wie immer gilt auch hier: Träume drücken die gegenwärtige Verfassung des Träumers aus und meinen grundsätzlich nicht reale Vorgänge wie ein körperliches Sterben.

„Ich sehe meine kleine Tochter tot im Bett liegen. Schweißgebadet springe ich auf und stürze zum Bett. Gottlob, sie lebt!!" Die Szene wiederholt sich in drei aufeinanderfolgenden Nächten. Die Frage der Psychotherapeutin: „Machen Sie sich am Tag genug Sorgen um sie?" überrascht die Träumerin und macht ihr die Botschaft des Traums bewusst: Das Mädchen braucht zur Zeit mehr Unterstützung, als sie tatsächlich bekommt. Entsprechend bemüht sich die Mutter mehr um die Tochter, und die schlimmen Träume hören auf. Sie haben die Mutter auf etwas aufmerksam gemacht, was sie am Tag nicht beachtet hatte. Ihre Reaktion ist für Träume vom Tod nahestehender Menschen durchaus empfehlenswert: In aller Ruhe überprüfen, was im Leben des Tages, äußerlich oder innerlich, hilfsbedürftig oder gefährdet ist.

Anregungen, um der Botschaft des Traums auf die Spur zu kommen:

- *Drückt der Traum meine Sorge um den betreffenden Menschen aus?*

- *Ist in meiner Beziehung zu dem Menschen, von dem ich träume, etwas am Sterben, das heißt: Fehlt dieser Beziehung etwas? Habe ich Angst, einen Menschen zu verlieren?*
- *Oder ist eine Seite in mir gefährdet? (Ideale der Jugend, Hoffnungen und Lebensziele können in einer sterbenden oder toten Traumfigur symbolisch dargestellt werden.) Verweist der Traum auf eine innere Krise, berufliche oder private Unsicherheit, soziale Ängste?*
- *Sollte ich etwas verabschieden, damit Neues wachsen kann? Wie alte Hautzellen absterben, um den neuen Platz zu machen, so kann ein Traum vom Tod Erneuerungsprozesse andeuten und einleiten, oft auch begleiten. Es gibt auch das notwendige „Sterben".*

Exkurs: Träume vom eigenen Tod oder Begräbnis

„Ich werde im Sarg zum Grab getragen; meine Angehörigen und Freunde, auch viele andere weinen und sprechen über mich: Wie sehr ich ihnen doch abgehe, was für ein guter Mensch ich war, was ihnen fehlen wird, wenn es mich nicht mehr gibt." Zufrieden erwacht die Träumerin. Es mag überraschen: Häufig sind Träume vom eigenen Begräbnis mit einem triumphierenden Gefühl verbunden! Träumende erleben bei ihrem Begräbnis die Genugtuung darüber, wie sehr um sie geweint wird. Der Träumende fühlt sich bestätigt, geliebt, gewürdigt und ernst genommen, nach dem Motto: „Jetzt endlich wissen sie, was sie an mir gehabt haben! Endlich habe ich die Anerken-

nung, die mir ein Leben lang gefehlt hat! Und ihnen geschieht es recht, dass sie jetzt traurig sind und sich schuldig fühlen." Gefühle wie Genugtuung oder Rache dürfen – zumindest im Traum – voll ausgelebt werden; das ist psychohygienisch sehr gesund. Zugleich machen diese Träume überdeutlich, was jener Mensch dringend „am Tag" braucht: Wertschätzung und Liebe.

Wer so träumt, hat viele Ressourcen in sich. Die trauernden oder liebenden Menschen in der Traumszene machen darauf aufmerksam, dass es in der Umgebung des Träumers vielleicht doch mehr wohlmeinende Einstellung gibt, als der Träumer bisher meinte. Denn Menschen mit wenig innerer Sicherheit trauen oft anderen gar nicht zu, dass sie sie wertschätzen. Sie projizieren die Geringschätzung oder Ablehnung, die sie gegen sich selbst richten, auf ihre Umgebung. Deshalb nehmen sie auch die Anerkennung, die es sehr wohl gibt, wenig wahr. Der Traum kann sie eines Besseren belehren.

Natürlich ist auch die innerseelische Betrachtung aufschlussreich: Wer so träumt, ist fähig, sich selbst in der Weise anzuerkennen, wie es die anderen im Traumbild tun. Die Trauergäste sind Spiegel für die eigene wohlmeinende Einstellung des Träumenden sich selbst gegenüber. So gesehen, könnte jemand von mitfühlenden Trauergästen seines Begräbnisses lernen, hier und jetzt achtsam mit sich umzugehen.

Andere wieder richten die Aufmerksamkeit in einem solchen Traum mehr auf sich selbst, wie sie sich im Sarg erleben: Sie fühlen sich beengt, lebendig begraben, durch das „Guckloch“ allen ausgeliefert usw. – Statt über mögliche künftige Erlebnisse im Sarg nachzusinnen, empfiehlt sich lieber der Blick auf die jetzige Lebenssituation: Gibt es Lebensbereiche, in denen ich mich eingeengt, wie lebendig begraben fühle? Den anderen ständig ausgeliefert – kein „Guckloch“, das ich von mir aus betätigen kann? Keine Türe, die ich schließen kann, wenn ich Ruhe brauche?

In ähnliche Richtung weist der Traum einer sehr strapazierten Frau: *„Ich bin in einem Erdloch, und es geht mir dort sehr gut.“* Im Erzählen atmet sie spürbar auf. Das „Erdloch“ ist ihr sehr angenehm; es gibt ihr die Möglichkeit, bei sich zu sein. Das Traumbild erinnert die Frau an antike Gräber, die sie auf einer Reise gesehen hatte. Die Alten verstanden die Grabhöhle als Bild und Ort der Wandlung, Wiedergeburt oder Auferstehung. Denn die Grabhöhle verweist symbolisch auf Schwangerschaft und Geburt (Uterus). Tatsächlich hat jene Träumerin fast den Eindruck, wiedergeboren zu werden. Nach dem Erlebnis dieses Traums hat die Frau Orte und Zeiten für ihr „Erdloch“ gesucht und viel Kraft daraus bezogen. So lebensstark kann ein Traum mit einem Todesmotiv sein!

„Ich soll zu einem Begräbnis kommen, ich sehe viele Leute, sie singen und tanzen auf den Gräbern. Ich wundere mich, dass es keinen Sarg und keinen Toten gibt.“ – Dieses amüsante Begräbnis verbindet die Frau spontan mit einem Abschied, der ihr bevorsteht und vor dem sie sich seit Jahren scheut. Sie versteht die Humoreske des Traums:

Wenn sogar ein Begräbnis ein Fest sein kann, dann ist ihr Schritt der Trennung auch nicht so tragisch. Schlimmer als ein Begräbnis kann er doch wohl nicht sein! So war der Traum der letzte Anstoß dazu, den längst erforderlichen klaren Schritt zu vollziehen.

„Ich bin auf einem Begräbnis, ich weiß nicht, wer begraben wird; vielleicht bin es ich selbst. Auf einmal tritt eine fröhlich tanzende Figur auf.“ Der stärkste Eindruck der Träumerin ist: Wie kann man da immer noch tanzen? – Die Mutter von drei kleinen Kindern muss sich zur Zeit des Traums einer Chemotherapie nach einer Brustkrebsoperation unterziehen. Die tanzende Figur hilft ihr, eigene fröhlich-unbeschwerte Anteile in sich zu entdecken. So trug das Traumbild dazu bei, leichter mit ihrer Erkrankung umzugehen: Immer noch lachen und tanzen können! – Der Traum liegt schon viele Jahre zurück; die Frau hat den Krebs körperlich und psychisch nicht nur überstanden, sondern ist daran seelisch gewachsen.

Wenn Verstorbene im Traum begegnen

„Mein Mann ist mir in einem eigenartigen Licht erschienen; er war so glücklich, wie ich ihn noch nie gesehen habe; strahlend hat er mir gesagt, ich soll mir keine Sorgen machen, es gehe ihm sehr, sehr gut! Dann war er auf einmal weg, als ob er entschwinden würde.“ Das Traumbild beruhigt und tröstet die Witwe. Träume dieser Art entsprechen meist der religiösen Einstellung eines Träumenden. Sie entlasten und helfen beim Verabschieden. (Sie sollten

freilich nie als Auskunft über Jenseitiges verstanden werden. Vergessen wir nicht die Bildersprache der Träume!)

Menschen können auch ganz anders von ihren Toten träumen: Szenen aus dem Leben tauchen wieder auf, es gibt Ärger, Zorn, Zärtlichkeit, Gewalt, Missverständnisse – und auch neues Verstehen. Oft wird im Traum nachgeholt, was vor dem Tod nicht möglich war: die Wut über das Verlassenwerden, die in der Pietät des Trauerns schwer Platz findet, auch die Versöhnung mit Verletzungen, die der Verstorbene zugefügt hat; und vor allem die Schuldgefühle![3] Das alles kann im Traum bewusst gemacht und verarbeitet werden!

Es gibt die Erfahrung, dass Verstorbene sich nach einer Zeit zurückziehen und sich nicht mehr in Träumen melden; irgendwann sollte der Tote in Frieden ruhen können. Diese alte Volksweisheit bringt Wesentliches über den Abschiedsprozess, wie er sich oft in Träumen spiegelt, zum Ausdruck: Es gibt eine Zeit des bewussten Verarbeitens, aber irgendwann sollte der Prozess so weit abgeschlossen sein, dass der Hinterbliebene Frieden mit der Trennung gefunden hat.

Freilich ist die Intensität und Dauer dieser Träume von Mensch zu Mensch verschieden. Alte Menschen lieben es mitunter, nach dem Tod des Partners, oft bis zum eigenen Tod, die Zweisamkeit mit ihm zu pflegen – bei Tag und oft bei Nacht. Was für den einen Hilfe ist, um die Einsamkeit zu bewältigen, wäre für einen anderen Hindernis, das eigene Leben – eben ohne den verlorenen Menschen – weiterzuführen.

Wegweisung, Ermutigung und Warnung im Traum

Hellseherische Träume – Kritische Anfragen zu einer verbreiteten Sichtweise

Manche Menschen sind überzeugt davon, dass im Traum künftige Ereignisse vorhergesagt werden. Diese Überzeugung wird besonders dann belastend, wenn es um Schmerzliches geht. Manche wagen fast nicht mehr einzuschlafen, weil sie Schlimmes im Traum befürchten.

Ein Mann ist überzeugt davon, dass seine Träume immer etwas Bestimmtes vorhersagen. Nun hat er einen Traum, der ihn besonders erschreckt:

„*Ich werde als Feuerwehrmann zu einem Einsatz gerufen: Das Dach des Hauses brennt, und ich kann mit letzter Mühe noch zwei Kinder aus den Flammen retten.*“ Erschöpft wacht er auf und kann nur hoffen, dass dieser Traum nie Wirklichkeit wird. Auf meine Einladung, einmal versuchsweise aus seiner bisherigen Erwartungsschiene auszusteigen und sich auf die Symbolsprache des Traums einzulassen, wird ihm bewusst: Es ist „Feuer am Dach“! Er befindet sich in einer schwierigen Situation in seinem Betrieb; und die Kinder, die zu retten sind, stehen für Anteile in ihm, die schon seit langem zu kurz kommen. Angeregt durch den Traum, holt er seine Kleinbahn wieder aus dem Keller und überlegt eine Reduzierung seines Betriebs. (Übrigens wurde er bislang nie zu einem ähnlichen Einsatz gerufen.)

Mit seiner früheren Einstellung gab es nur die eine Frage: Ist der Traum strikte Vorhersage eines Ereignisses, oder ist er es nicht? Und es bleibt das Bangen. Denn wer einen Traum – besonders einen dunklen – als Vorabbildung eines späteren Ereignisses versteht, wird dadurch in seinem Handlungsspielraum eingeschränkt und oft von Angst beherrscht. Umgekehrt setzt ein angenehmer Traum, als Prophezeiung in engerem Sinn verstanden, das kritische Denken herab und verleitet zu unbedachter Sorglosigkeit.

Mit diesen Bedenken soll die Möglichkeit, dass Träume unter Umständen tatsächlich vorhersehend sein können, nicht grundsätzlich ausgeschlossen werden. Doch zeigt die Erfahrung, dass die meisten Träume, die als Beispiele für eine solche Sichtweise angeführt werden, bei näherem Zusehen nur vage Andeutungen sind, die im Nachhinein (!) in Zusammenhang mit dem betreffenden Ereignis gebracht werden. Denn eine allgemeine Glücks- oder Unglücksahnung kann sich immer irgendwie bestätigen.

Wenn aber trotz aller kritischen Überlegungen die Überzeugung bleibt, dass der Traum hellseherisch war, ist zuzugeben: Solche Traumerfahrung gibt es tatsächlich. Sie dürfte einem Urbedürfnis des Menschen entsprechen, ist aber extrem selten. Häufig handelt es sich dabei um Menschen, die auch im Wachen eine besonders ausgeprägte Wahrnehmungsfähigkeit haben; sie sehen und ahnen mehr als andere, spüren dahinter, lesen zwischen den Zeilen. Früher hat man gesagt, sie haben das zweite Gesicht. Die „hellseherischen" Fähigkeiten können im Traum verstärkt zutage treten. Einem so begabten Menschen stellt sich die Frage, wie er verantwortlich damit umgehen kann. Dann ist dieses Phänomen aber nicht primär, jedenfalls nicht ausschließlich ein Phänomen der Traumsprache, sondern zeigt eine besondere Nähe dieses Menschen zu Bereichen, die anderen zumeist verborgen bleiben.

Wenn wir im Traum mehr erkennen als im Wachen

Eine Frau, die ihren schwerkranken Mann pflegt, *sieht ihn im Traum am anderen Ufer eines Baches*; hier deutet sich, wie sie nach seinem Tod erkennt, eine Vorahnung des Abschieds an. Der Traum lässt sich auch als Bearbeitung der bevorstehenden Trennung verstehen.

Eine junge Frau, die sich ein Kind wünscht, träumt: „*Ich werde schwanger, ich freue mich riesig. Doch bald habe ich eine Fehlgeburt.*“ Kurz danach erleidet sie tatsächlich einen Abortus. Der Traum ist kaum eine Voraussage des realen Abortus; in der Geschichte dieser Frau sieht es eher so aus, dass der geträumte und der tatsächlich erlittene Abortus aus derselben Wurzel heraus zu verstehen sind. Denn in einem Abortus kann sich ein Zwiespalt ausdrücken: Neues Leben entsteht und darf doch nicht wachsen. Und offenbar stand auch jene Frau in einem seelischen Konflikt. Einerseits wünschte sie sich ein Kind – andererseits erlaubte sie es sich nicht. Sie hatte wenig Zutrauen in ihre Weiblichkeit, sie meinte, der Aufgabe des Mutterseins nicht gewachsen zu sein; auch materielle Ängste und partnerschaftliche Probleme belasteten sie. Jedenfalls hat die Frau die Warnung des geträumten wie des realen Abortus verstanden und sich innerlich bewusst auf ihren Kinderwunsch eingestellt. Sie hat sich um ihr weibliches Selbstbewusstsein gemüht und wurde wieder schwanger, diesmal erfolgreich.

Ein Extremsportler träumt, dass er beim Wildwasserfahren tödlich verunglückt. Einige Teilnehmer der Gruppe, der er den Traum erzählt, verstehen den Traum als Warnung: ob er sich nicht doch zu viel zumutet? Er schlägt alle Bedenken in den Wind – und verunglückt tatsächlich bei einer der nächsten Unternehmungen. Auch dieser Traum ist kaum vorhersehend im engeren Sinn; er hat im Fall dieses Menschen vermutlich denselben Ursprung wie das reale Geschehen: die mangelnde Selbsteinschätzung des Sportlers.

Viele Entwicklungen zeichnen sich im Unbewussten ab, bevor sie sich in der äußeren Realität ereignen. Wo sie sich schon vor dem realen Ereignis in Träumen melden, zeigt sich die Sensibilität eines träumenden Menschen für unbewusste Vorgänge und die zeitenübergreifende Dimension des Unbewussten, in dem die Träume ihren Ursprung haben.

Auch die sogenannten „Déjà-vu-Phänomene werden oft mit dem Traumerleben verbunden: Man erlebt etwas, als ob man es schon einmal genauso erlebt oder geträumt hätte. Diese Phänomene gibt es tatsächlich, im Wachen wie im Träumen, und sie sind nicht auf die Welt der Menschen beschränkt. Noch heute erzählen Frauen, dass zur selben Zeit, als ihr Mann im Krieg gefallen ist, eine Uhr stehen geblieben ist. – C. G. Jung begründet solche Erlebnisse mit der Wirksamkeit und verbindenden Kraft des kollektiven Unbewussten. Wir alle sind in diesem gemeinsamen Unbewussten beheimatet, das nicht wie das Bewusstsein an die Grenzen von Raum und Zeit gebunden ist. Wie im Traum Orte und Zeiten der Gegenwart und Vergangenheit scheinbar willkürlich wechseln können, so vermischen sich im Unbewussten auch die Grenzen zwischen Gegenwart und Zukunft. Insgesamt stehen wir mit diesen Fragen an den Grenzen unserer Erklärungsmöglichkeit, und Bescheidenheit tut gut, nach Goethes Wort: „Es gibt mehr Ding unter dem Himmel und auf Erden, als eure Schulweisheit sich träumt."

Ein Traum kann in die Zukunft weisen, indem er Perspektiven eröffnet, Wege aufzeigt, auch vor Irrwegen warnt. So gesehen deuten manche Träume Lösungsmöglichkeiten an, die der Mensch in seinem bewussten Leben noch nicht sieht. Aber es ist immer mit dem kritischen Verstand zu prüfen, wie real eine solche Orientierung durch den Traum zu verstehen ist.

Kapitel 3

Traumsymbole und ihre Deutungsmöglichkeiten

Was bedeutet „Auto“, „Haus“, „Wasser“, „Zahn“ oder ein bestimmtes Tier im Traum? Oft fragen Menschen nach der Bedeutung von einzelnen Traumbildern. Darauf wurde bisher nicht ausdrücklich eingegangen, weil zunächst der Traum als ganzer im Blick war. Dennoch macht es Sinn, auch einzelne Elemente des Traums für sich genommen zu betrachten. Im Folgenden gehe ich auf einige Traumsymbole ein, die besonders häufig vorkommen. Wie immer ist zunächst zu fragen, wie ein Mensch ein solches Element im Traum erlebt und welchen Stellenwert es im Zusammenhang des Traums einnimmt.

Auto

Wenn Sie vom Auto oder vom Autofahren träumen, dann könnten Sie sich fragen:

- *Wie erlebe ich mich in der Situation?*
- *Steht das Auto oder fährt es?*
- *Steht das Auto, obwohl ich fahren will?*
- *Fährt das Auto, obwohl ich stehen will?*
- *Wenn es fährt: Erlebe ich das Fahren angenehm, riskant, zu schnell, zu langsam …?*
- *Wie geht die Fahrt (schnell, langsam, kurvenreich, holprig, riskant, von einer Panne zur anderen …?)*

- *Folgt das Auto der Straße, oder fährt es nach Lust und Laune querfeldein?*
- *Ist das Auto klein, groß, bequem? Wie ist die Innenausstattung oder Temperatur im Auto, wie die Lüftung?*
- *Welche Position nehme ich ein? Sitze ich am Steuer oder jemand anderer? Wer bestimmt über Route, Tempo, Innentemperatur usw.?*
- *Sehe ich die Szene von außen – aus einer Beobachterposition – oder bin ich mittendrin?*
- *Wie gehe ich mit anderen Verkehrsteilnehmern um?*
- *Was bedeutet Auto für mich? Im Traum und im Tageserleben?*

„Ich bin mit meinem Auto rasend schnell unterwegs. Die Routen ändern sich, das Tempo steigert sich von einem Traum zum anderen.“ Nach den ersten Träumen dieser Reihe wacht der Träumer schweißgebadet auf; doch dann gewöhnt er sich an das muntere Fahren im Traum und findet sogar Freude daran. Seine Umgebung, der er die Träume erzählt, kommt aus dem Staunen nicht heraus, und er selbst wundert sich am meisten darüber, dass er zu einem solchen Wagemut fähig ist: „Bin das denn ich?“ – Aber der Traum sagt: „Doch, das bist sehr wohl auch du!“

In der Tagesrealität ist er einer jener langsamen Autofahrer, die andere Verkehrsteilnehmer nerven und oft genug ein Verkehrshindernis sind. Seit seiner Kindheit war er extrem zaghaft: als Einzelkind, lange erwartet und dann überbehütet, durch ängstliche Eltern war er von jedem Wagnis zurückgehalten worden; jedes Klettern auf einem Turngerät war ein Risiko, das besser zu meiden war. – Die Träume machen ihm zunächst bewusst, dass es in ihm auch die andere Seite gibt: das mutige Anpacken, die Lust am Abenteuer. Seit jenen Träumen findet er Zugang zu dieser wagemutigen Seite seiner Persönlichkeit. Zum Glück ist er bedächtig genug, um die Träume nicht einfach eins zu eins in die Realität umzusetzen. Immerhin lernt er daraus, ein gesundes Maß zwischen Übervorsichtigsein und unkontrolliertem Rasen zu finden. Und vor allem übt er im flotten Traumfahren die Fähigkeit, auch Neues anzupacken. Er lässt sich auf eine Liebesbeziehung ein, vor der er zuvor ebenso zurückgeschreckt ist wie vor einem angemessenen Autofahren.

So haben die Träume eine Lebenswende in ihm ausgelöst. Nachdem er ihre Botschaft verstanden hat, hören sie allmählich auf. Er braucht sie offenbar nicht mehr.

„Mein Sohn sitzt am Volant meines Wagens und fährt völlig wild durch die Gegend; ich sitze am Beifahrersitz; mir bleibt fast das Herz stehen und ich kann nichts tun, um ihn zu mäßigen. Würde ich eingreifen, käme das Auto womöglich ins Schleudern und es wäre alles noch viel schlimmer.“

Der Traum zeigt der Frau, wie sehr ihr das Steuer aus der Hand genommen ist. Sie lernt daraufhin, dem pubertierenden Jungen mehr Grenzen zu setzen. Wie notwendig – auch aus Sicherheitsgründen – diese Kurskorrektur ist, zeigt ihr das Traumbild sehr eindringlich.

„Ich kann mein Auto nicht starten. Als ich die Motorhaube aufhebe, um zu schauen, was los ist, entdecke ich darin die Leiche meiner Mutter. Erschrocken will ich die Motorhau-

be wieder schließen, aber die Leiche streckt die Gliedmaßen justament so von sich, dass ich die Motorhaube auch mit äußerster Anstrengung nicht zubringe.“ Die Frau ist entsetzt und beschämt über diesen Traum – am Tag des Begräbnisses ihrer Mutter! Der Traum zeigt ihr, wie einflussreich die Mutter noch immer ist. Sie besetzt den Motorraum (nicht etwa den Kofferraum!) und hindert ihre Tochter, die bereits Seniorin ist, an der freien Gestaltung ihres Lebens. Der Traum ermutigt die Träumerin, sich innerlich von der Mutter zu lösen – auch noch nach ihrem Tod.

„Auto“ oder „Autofahren“ im Traum kann das Verhältnis eines Menschen zu sich, zu seiner Umgebung und zu seinem Lebensweg symbolisieren. „Auto“ kann Statussymbol, aber auch schützender Raum und Bild des Ich sein. Wer sein Auto beschädigt vorfindet, mag sich fragen, in welchen Lebensbereichen er vielleicht „beschädigt“ oder „angeschlagen“ ist. Ein neues Auto, in dem ich mich im Traum pudelwohl fühle, kann das wohlige „Bei mir und in mir unterwegs sein“ ausdrücken.

Oft ist Autofahren ein Spiegel für die Lebenssituation: Wie schnell, wie sicher, wie zielorientiert lebe ich? Ein Auto, das außer Kontrolle gerät, macht einen Menschen auf so manches aufmerksam, über das er nicht „Herr“ oder „Frau“ ist: von äußeren Bedrängnissen bis zum Umgang mit inneren Impulsen und Leidenschaften.

Häuser und Wohnungen

„Einmal ist mein Haus renovierungsbedürftig, fast baufällig, dann wieder ist im Erdgeschoss alles in Ordnung, aber von unten kommt ein muffiger Geruch, dann wieder stürzt das Dach ein …“ Die Wiederholung des Traummotivs macht der Frau bewusst, dass mit ihrem „Haus“ etwas nicht in Ordnung ist. Das betrifft nicht das reale, eben erst gebaute und tipptopp in Ordnung gehaltene Haus. Haus ist immer auch Bild für das Zuhause des Menschen. Es ist ein sehr weiblich geprägtes Traumbild. Von alters her erleben Menschen das Haus als einen geschützten Lebensbereich: „Haus“ kann erweiterten Uterus, Körper, Beziehungen, Heimat, Geborgenheit versinnbildlichen – vom äußeren Wohnraum und dem sozialen Beziehungsgefüge bis zur inneren Wohnung als Bild der Seele eines Menschen.

Ein Traum von einem verfallenen oder renovierungsbedürftigen Haus lässt also fragen, in welchen Lebensbereichen die Träumerin Erneuerung braucht. Die Stockwerke eines Hauses können – wie immer mit Vorsicht! – auch Bilder für den Menschen sein: Der Keller steht nach langer tiefenpsychologischer Tradition für das Unbewusste, das Erdgeschoss für das Bewusstsein, das Obergeschoss für die geistige Welt oder auch für das „Über-Ich“. – Aus dem Keller modert es: Das kann Unbewältigtes aus dem Unbewussten symbolisieren (die „Leichen im Keller“, heißt es treffend im Volksmund).

Die Träume deuten der Frau ihre Situation um die Lebensmitte. Sie zeigen ihr, dass in allen Lebensbereichen

Erneuerung angesagt ist. So leiten die Träume einen klärenden Weg ein. Die Frau entrümpelt ihren „Keller". Sie erledigt Dinge, die sie lange Zeit aufgeschoben hat; sie spricht endlich aus, was schon längst zu sagen war. Die Luft wird klarer im Haus.

Eine andere Frau träumt wiederholt: *„Ich finde den Schlüssel zu meiner Wohnung nicht! Einmal ist er überhaupt verschwunden, dann finde ich ihn zwar, aber er passt nicht; dann ist das Schloss eingefroren oder heimlich ausgetauscht worden, und so geht es weiter."* – Das Schlimmste ist für sie jedes Mal, dass ihr der Zutritt zu ihrer Wohnung verwehrt ist. In ihrem realen Leben ist sie sehr ordentlich; sie musste noch nie einen Schlüssel suchen, am wenigsten den ihrer Wohnung. – Die Traumarbeit macht ihr bewusst, wie schwer sie Zugang zu dem findet, was ihr am wichtigsten ist. Sie nützt die Chancen, die sie im Berufsleben wie im privaten Leben hätte, nicht wirklich. Sie braucht sehr viele solcher Träume, bis deren Symbolsprache sie innerlich erreicht. Doch langsam nimmt sie die ständigen „Aber", mit denen jeder neue Anlauf in ihrem Leben blockiert wird, bewusster wahr. Sie muss nicht immer vor der verschlossenen Tür ihres Lebens stehen! (Immerhin ist es in allen Träumen ihre eigene Wohnung.) Allmählich nützt sie ihre Fähigkeiten mehr aus. Und wie meistens, wenn ein Mensch auf die Botschaft wiederholter Träume reagiert, treten sie allmählich in den Hintergrund.

„Ich bin munter, gut ausgeschlafen und will aus meinem Zimmer hinausgehen. Im letzten Augenblick entdecke ich,

dass an der Tür keine Schnalle ist." Die Teilnehmerinnen der Traumgruppe sind entsetzt über das Eingesperrtsein der Träumerin; klaustrophobische Assoziationen stellen sich ein. Anders erlebt sich die Träumerin selbst. Ihr zentraler Eindruck ist: Ich kann nicht das tun, was ich will. Ihr Blick geht durch die verschlossene Tür hindurch hinaus ins Freie. Sie möchte den Tag voll leben, und sie kann es nicht. Sie möchte ihr Leben anpacken, und etwas hindert sie daran; eine verschlossene Tür trennt sie von ihren Wünschen. Beim Nachspüren entdeckt sie, wo sie sich selbst im Wege steht. Zur nächsten Gruppensitzung kommt sie auffallend entspannt. Sie malt – in merklichem Kontrast zur Enge des Traumbilds – spontan einen weiten Raum, in dem sie sich wohl fühlt.

Zahnträume

„*Ich verliere einen Zahn nach dem anderen; ich kann nichts machen, als sie ausspucken. Es ist grässlich.*" Das Schlimmste ist für die Träumerin: Sie muss dem Zahnausfall tatenlos zusehen, ohne irgendeine Chance, einzugreifen. Beim Nachsinnen, woher sie dieses Gefühl kennt, wird ihr bewusst: So ähnlich ohnmächtig fühlt sie sich in den Konflikten mit ihrer pubertierenden Tochter. Alle Strategien, Argumente, Versuche – ob in Güte oder mit mehr Strenge – helfen nichts; der Mutter wird aller Wind aus den Segeln genommen, ein „Zahn" nach dem anderen. Bisher hatte sie gemeint, die Erziehungsprobleme halbwegs zu bewältigen, doch jetzt ist sie mit ihrer Weisheit am Ende.

Im Traum ist sie dem Geschehen völlig ausgeliefert; sie findet keine Ansatzpunkte einer Abwehr oder Verhinderung. Ob sie den Mund offen hat oder zu, die Zähne fallen aus. Die einzige Chance, die ihr bleibt, ist die Zähne ausspucken, ansonsten würde sie ersticken. Und hier liegt auch eine versteckte Ressource im Traum: Sie schützt sich vor dem Ersticken, sie spuckt aus; so verhindert sie das Schlimmste. Das Erinnern an das Ausspucken im Traum führt die Träumerin zu ihrer Wut. Seitdem die Frau sich den Zorn auf das Verhalten der Tochter und auch auf ihre eigene Hilflosigkeit erlaubt, wird sie selbst stärker. Sie ist weniger verletzbar und kann mit manchen Konfliktsituationen besser umgehen.

Jene Träumerin steht für viele Menschen, die vom Ausfallen oder von einer Verletzung der Zähne träumen. „Zähne" erinnern die Frau an: zubeißen, zupacken, mir etwas mundgerecht einverleiben, etwas für mich so zubereiten, dass ich es gut verdauen kann. Auch im realen Leben hat sie Probleme mit ihren Zähnen. Diese haben vermutlich denselben psychischen Hintergrund wie die Träume: die ein Leben lang verbotene gesunde Aggression als Durchsetzungskraft.

Auch sexuelle Motive finden sich häufig in Verbindung mit Zähnen (man denke an die Gestalt der Zähne, die an phallische Symbolik erinnern kann):

„Mein Zahnarzt umwirbt mich, ich habe Sex mit ihm auf dem Zahnarztsessel, es ist total schön!" Verwirrt wacht die Frau auf. In ihrem normalen Leben bereitet ihr schon der Gedanke an den Zahnarztstuhl Herzbeklemmungen

und sie scheut sich extrem vor sexuellen Kontakten – und jetzt ausgerechnet der Zahnarzt? Sie versteht sich selbst nicht mehr.

Der wohlige Sexualtraum tut der Träumerin sehr gut. Er lässt sie erleben, dass in ihrem Unbewussten Versöhnung mit dem Männlichen geschieht. Wenn sie diesen Traum behält und erzählt, lässt sie sich innerlich auf die beglückende Nähe mit dem Männlichen ein. Das lange Zeit (aufgrund traumatischer Erlebnisse) schmerzlich besetzte „bohrende“ Eindringen wandelt sich in Lust. Diese Traumerfahrung hilft ihr, auch im konkreten Tageserleben mehr natürliche Nähe zu Männern zuzulassen. Und ihre Zahnarztängste werden erträglicher.

Zähne im Traum können auch in eine ganz andere Richtung weisen.

Ein junger Mann ist stolz auf seine gepflegten, immer gesunden Zähne. *„Ich bin zur Kontrolle beim Zahnarzt. Er erklärt mir, dass ein Zahn von Karies befallen ist. Entsetzt verlange ich den Spiegel und tatsächlich, ich sehe ein kleines dunkles Pünktchen; es wird im Zusehen immer größer und sprengt bald den ganzen Mund.“* Erschrocken wacht er auf. Das Schlimmste am Traum ist das Anwachsen der Karies beim Betrachten. Der Träumer fürchtet sich nicht etwa vor möglichen Schmerzen der Zahnbehandlung, sondern ihn belastet die Tatsache, dass seine Zähne nicht so makellos sind, wie er es von sich erwartet. Genauso ergeht es ihm oft im Leben. Er hält es sehr schwer aus, etwas falsch zu machen. Wenn er das Gefühl hat, den kleinsten Fehler begangen zu haben, gerät er außer sich; er wühlt darin so lange, bis dieser ihm tatsächlich riesengroß erscheint – gegen die vernünftige Einsicht, dass es sich doch wirklich nur um eine Kleinigkeit handelt. Dann bleibt die Panik, aber keine tragbare Lösung. Denn reparieren kann ein Zahnarzt eine ganz normale Karies, aber nicht dieses Ungeheuer, das im Betrachten des Träumers daraus geworden ist.

Dem Träumer wird bewusst: Es geht gar nicht um die Zähne als solche – es geht um seinen Anspruch an sich selbst, blendend weiß wie eine Zahnpastawerbung zu sein. Und im Grunde, stellt er fast schmunzelnd fest: „Was soll ein einziger befallener Zahn? Ich hab doch so viele gesunde!" Diese Einsicht hilft ihm, den nächsten kleinen Schnitzer, der ihm passiert, leichter zu nehmen. Traumarbeit kann viel Kraft sparen.

Tiere

„Ich trage ein kleines Tier an meiner Brust durch verschiedenste Gefahrensituationen. Einmal hängt es nur mit einem Pfötchen an mir und fragt ganz sanft: ‚Brauchst du mich jetzt noch?' – Ich darauf, ebenso ruhig: ‚Nein'!" Gleich nach dem Aufwachen fällt der Träumerin ihr Sohn ein, dessen Hochzeit knapp bevorsteht. Am meisten wundert sie der Satz des Tieres im Traum. Denn die leise Bemerkung des Tieres stellt ihre gesamte Welt auf den Kopf. Sie ist eine sehr bemühte und besorgte Mutter, die an den Kindern ausgleichen will, was sie selbst in ihrer Kindheit zu wenig an Fürsorge bekommen hat. Sie möchte die Kinder am liebsten noch als Erwachsene „durch dick und dünn" tragen. – Doch in den Monaten

vor jenem Traum musste sie erleben: Ihr Sohn reißt sich brutal los, bleibt nächtelang aus, kommt nur mehr zum Wäschewechseln nach Hause, beheimatet sich in einer anderen Großfamilie und gibt eines Tages völlig überraschend den Hochzeitstermin bekannt. – Durch diesen Traum wird der Frau bewusst, warum der Weggang des Sohnes ihr im Tagesleben so große Probleme bereitet: Er hat ihr in der Art und Weise seines Weggangs überdeutlich gemacht, dass er sie nicht (mehr) braucht. Sie braucht ihn mehr als er sie. Diese Einsicht ist zwar höchst unangenehm, aber sie hilft der Träumerin, den Abschied des Sohnes zu verkraften.

In der Folge dieses Traums müht sie sich mehr um ihre eigene Lebensgrundlage: Sie ist ja nicht nur Mutter! Das gelingt ihr, indem sie den Satz des Tieres in der Form eines Selbstgesprächs fortsetzt: „Brauche ich das Umsorgen wirklich noch?“ Langsam löst sie sich. Und den freien Platz auf der Brust, den sie im Traum durch den Wegfall des Tieres zuerst wie eine offene Wunde erlebt hat, füllt sie in verschiedener Weise: indem sie ihrem Herzen selbst die nötige Wärme zuführt und die Herzenswärme in anderen Beziehungen und Erlebnisbereichen wahrnimmt; auch ein neues Tätigkeitsfeld eröffnet sich in dieser Lebensphase. – So verweist die innerseelische Deutung des Tieres die Frau auf ihre Rolle des „Nur-für-andere-Sorgens“. Diese jahrzehntelang ausgeübte Rolle verabschiedet sich behutsam, aber doch sehr bestimmt von ihr, jedenfalls verliert sie ihren bisherigen zentralen Stellenwert.

Wer immer von einem solchen Traumbild betroffen ist, kann sich fragen: Wie gehe ich damit um, wenn ein langgehegter Lebenswunsch oder ein (vermeintlicher) Lebensinhalt sich mir entzieht?

„*Eine Bärin kommt aus dem Wald auf mich zu; ich weiß, dass es eine Bärin ist. Noch im Traum wundere ich mich, dass ich mich nicht vor ihr fürchte; aber ich spüre: Ich brauche sie.*" Gestärkt wacht die Frau auf. Sie erlebt in dem Tier jene Kraft, die ihr am Tag zur Zeit eher abhandengekommen ist. Auch später pflegt sie den Kontakt zu „ihrer Bärin", besonders dann, wenn sie sich ausgelaugt fühlt. Die Bärin des Traums wird zu einer inneren Kraftquelle.

Auch ganz anders kann ein Bär im Traum begegnen. „*Ich werde von einem Bären überfallen. Er wirft mich um, aber ich kann mich ihm geschickt entwinden.*" Erschöpft, aber irgendwie befriedigt, fast triumphierend wacht die Träumerin auf. Sie wusste es ja: Genau so geht ihr Mann mit ihr um! Der Partner ist gekränkt und die Beziehung wird durch diese Deutung des Traumes belastet. – Die innerseelische Betrachtung trifft hier wohl mehr die Kernaussage des Traums: Im Traumbären überfällt die Frau ihre eigene Aggression. Der nach außen hin dominant wirkende Partner ist für sie deshalb so bedrohlich, weil sie ihre abgewehrte Aggressivität im Wachen wie im Traum auf ihn überträgt und an ihm bekämpft. Denn die Träumerin scheut sich in ihrem bewussten Leben vor jeder Form von Konflikten oder Aggressionsäußerungen. Auch die harmlosesten Schimpfworte sind verpönt. In der Sprache der Tiefenpsychologie ist der angreifende Bär ein Bild des Schattens jener Frau. Erst diese symbolische Ebene der Traumauslegung führt die Frau in ihrer Entwicklung weiter und entlastet die Partnerbeziehung.

„*Ein kleiner Hund – in der Art eines Terriers – ist ausgesetzt: wie ein Paket zum Tragen zugeschnürt, mit einem 50-Euro-Geldschein drauf. Eine fremde Frau nimmt das Geld, das für die Versorgung des Hundes bestimmt war, und lässt den Hund stehen. Mir tut der Hund leid und ich gehe Futter für ihn suchen. Ich komme von einem Geschäft zum anderen, finde bei einem Fleischhauer Cevapcici und esse sie auf, ohne an den Hund zu denken. Da fällt mir der Hund wieder ein. Bevor ich sehe, wie es ihm geht, wache ich auf.*“ Der Hund erinnert den Träumer zunächst an den Hund seines Sohnes. Schon lange hatte der Träumer das Gefühl, er sollte sich mehr um den Sohn kümmern. Dieser Impuls des Traums tut Vater und Sohn gut. Soweit die Deutung des Traums auf der realen Beziehungsebene. Würde der Träumer sich damit begnügen, dann bliebe eine wesentliche Botschaft des Traums unberücksichtigt. Tatsächlich verliert sich der Mann zur Zeit des Traums in „Geschäften“. Zunächst vergisst er den Traum auch wieder und zerreißt sich weiterhin in seiner gestressten Alltagswirklichkeit. Doch es ist, als ob der Traum im Innern des Mannes weitergewirkt hätte: Monate danach fällt er ihm wieder ein. Der kleine ausgesetzte Hund mit seinem Pack Geld ist ja auch ein Symbol für die Seele jenes Mannes: Sie findet keinen Platz in seiner alltäglichen Betriebsamkeit; und doch hat sie die Voraussetzung, um zu überleben, nämlich das „Geld“ bei sich. Durch den liebenswerten, ausgesetzten Hund wird der Träumer also Monate nach dem Traum an sein Suchen nach dem richtigen „Futter“ für seine Seele erinnert. (Cevapcici sind keine geeignete Kost für kleine Hunde!) Nun reduziert der Manager Zug um Zug sein Außenleben auf das wirklich Notwendige und nimmt sich Zeit und Kraft für sein Inneres. Er unternimmt sogar eine berufliche Umorientierung in eine Richtung, die seinen spirituellen Lebenszielen mehr entspricht. Der kleine Seelenhund kann sich freuen! Er hat lange genug geduldig gewartet.

Nach einigen Fehlgeburten träumt eine Frau: „*Meine Katze ist trächtig. Schon im Traum wundere ich mich darüber, weil die Katze ja sterilisiert ist.*“ In der Traumarbeit erlebt die Frau am Bild der trächtigen, obwohl sterilisierten Katze ihre eigenen Möglichkeiten des Fruchtbarwerdens. Mithilfe des Traums versöhnt sie sich mit dem körperlichen Unvermögen und öffnet sich ihrer Kreativität. Sie gewinnt neue Energien, widmet sich Hobbys, intensiviert ihre Beziehungen und findet Befriedigung in Hilfsprojekten, in denen sie ihre mütterlichen Fähigkeiten ausleben kann.

Und die Schlangen, Käfer und Spinnen …?

„*Unter dem Bett meiner Eltern kommen grausliche Schlangen hervor – ineinander verworren, dicke und dünne, sie schlängeln auf mich zu. Als eine meinen Fuß erreicht, wache ich auf. Mir ist todübel.*“ – „*Ich sehe eine kleine Spinne auf einer Wand in einem mir unbekannten Raum. Wie ich ihr näher kommen will, um sie zu beseitigen, wird sie immer größer. Ich habe fürchterliche Angst.*" – Schlangen, Spinnen, Käfer und andere Kriechtiere erregen im Träumen wie im Wachen bei vielen Menschen, besonders bei Frauen, Schrecken. In der Angst vor einer Spinne drückt sich häufig die Angst vor der „einspinnenden" und verschlingenden Mutter aus. Die Gestalt des Weberknechtes erweckt bei vielen Frauen (meist unbewusst) Ängste vor männlicher Sexualität. Die Schlange ist, mythologisch gesehen, wohl das Tier mit der umfassendsten Deutungsmöglichkeit. Aufgrund ihrer regelmäßigen Häutung ist sie Bild für den weiblichen Zyklus; doch hat sie auch Körpereigenschaften, die an den Penis und dessen Funktionen erinnern. Sie ist heilend (man denke an die Äskulapnatter, das Symbol der Apotheker), aber auch tödlich, gehört zu Sonne und Mond, ist weise und zerstörerisch. Ängste vor Schlangen verweisen oft auf frühe Belastungen, Mutterprobleme und Beziehungsstörungen. Eine ungesunde Mutterbeziehung und Sexualprobleme hängen ja grundsätzlich eng zusammen. Das macht der Traum von den Schlangen unter dem Bett der Eltern sehr deutlich. Die Angst vor Schlangen im Tagesleben kann also dieselbe Wurzel haben wie das beängstigende Erleben von Schlangen im Traum.

Unangenehme Träume von Insekten oder Käfern verweisen oft auf Probleme im Umgang mit dem Körper und seinen Ausscheidungen, besonders auf den sexuellen Bereich. Wimmelnde Tiere im Traum sind auch Bild für soziale Beziehungsprobleme oder ein „Wimmeln" von Gedanken und Gefühlen im Innern des Menschen. So unangenehm solche Träume auch sind, sie können sehr heilsame Prozesse auslösen, wenn ein Mensch es wagt, sie mit ihrer Botschaft ernst zu nehmen.

Warum gerade Tiere? Von der Symbolik der Tierträume

Bei Tierträumen wird die Symbolkraft der Traumsprache besonders deutlich. Es ist nicht zufällig, dass die Menschen aus den früher genannten Beispielen nicht ausdrücklich von ihrer Sexualangst oder von Kindern, Partnern oder von ihrem Kinderwunsch träumen, sondern von einem Tier. Fast entsteht der Eindruck, dass hier eine besondere Weisheit des Unbewussten zutage tritt. Vielleicht ist es immer noch erträglicher, von einer Spinne als von der „einspinnenden" Mutter oder von einem Weberknecht statt von einem eindringenden Penis zu träumen. Der Satz „Brauchst du mich jetzt noch?" direkt aus dem Mund des Sohnes wäre für jene bemühte Mutter noch schwerer zu verkraften als aus dem Mund des Tieres. Besonders bei Gewaltträumen ist es erträglicher, von einem Tier als von einem konkreten Menschen, womöglich von einer Bezugsperson, zu träumen.

Außerdem werden die Beziehungen des Träumers geschützt. Denn wenn jene Frau vom Bären und nicht von ihrem Mann träumt, wird sie damit ihrer Partnerbeziehung besser gerecht, als wenn sie direkt vom Partner träumen würde: In der Beziehung lebt eben noch anderes als die Gewalt! So rettet das Bild, in das der Traum das Erleben kleidet, in gewisser Hinsicht jene Anteile an einer Beziehung, die ein Träumer nicht verlieren will (und um die es schade wäre, sie zu verlieren).

Zum anderen sind vermutlich alle Tierträume auch innerseelisch zu verstehen. Das gilt sogar für Träume von vertrauten Tieren, etwa von einem Haustier. Tiere im Traum weisen über das konkrete Tier hinaus grundsätzlich auf andere Lebensbereiche des Menschen. Wie immer ist bei allen Tierträumen der Zugang des Träumers zum betreffenden Tier und das Verhalten des Tieres im Traum zu bedenken. Ein Imker verbindet mit einem Traum von Bienen anderes als ein Mensch, dem die Bienen fremd sind oder der sich grundsätzlich vor Bienen fürchtet.

Exkurs: Die bunte Tiersymbolik im Spiegel der Märchen

Märchen sind Träume der Menschheit. Ein Blick auf die Vielfalt der Tierbilder in den bekannten Volksmärchen lässt ahnen, welcher Reichtum des Seelenlebens in Tieren symbolisiert werden kann.

Tiere sind zunächst Ausdruck körperlicher Vitalität und Sinnlichkeit. Das wird besonders deutlich am weit verbreiteten Motiv vom Tierbräutigam: Ein Partner wird einmal in seiner menschlichen Gestalt, dann wieder als Tier dargestellt. Spielarten einer Beziehung zwischen Partnern finden darin plastischen Ausdruck: die vitale Ebene der Beziehung und was sie braucht, um menschlich zu sein. Man denke an den Bär in Schneeweißchen und Rosenrot, mit dessen Hilfe junge Mädchen in den Bereich der Zärtlichkeit und Sexualität hineinwachsen. Das „Brüderchen", das sich in ein Reh verwandelt, lebt

Anteile des „Schwesterchens“ aus, die unter dem Druck einer belastenden Mutterbeziehung nicht leben können; erst im Zug einer Entwicklung werden sie in das partnerschaftliche Leben integriert.

Tiere haben einen besonders feinen Sinn für Intuition. Sie stehen dem Menschen hilfreich zur Seite, um sein Leben zu meistern (Eichkätzchen, Bienen, Vögel, weiße Schlangen; nicht zu vergessen: das schlaue Füchslein!). Die Tiere wissen, wie sich ein Märchenheld zu verhalten hat, damit ihm sein Leben gelingt. Hänsel und Gretel werden von einem weißen Vogel zur Hexe gelockt, also in ihrer Entwicklung vorangetrieben; eine weiße Ente trägt sie über ein Wasser, das sie nach Hause führt. Auch in vielen Träumen sind weiße Vögel Bild für eine neue Entwicklungsstufe. In Tieren kann sich etwas Höheres, fast Überirdisches abzeichnen. Nicht zufällig gehören in den meisten Religionen Tiere zu den Göttern. In diese Richtung weist auch die Symbolik der Taube als Bild für den Heiligen Geist.

Tiere können also – je nach der Art, wie sie erlebt werden – die vitalsten wie auch die feinsinnigsten Bereiche des Menschen darstellen. Vermutlich ist kein Bereich der Traumsprache so vielschichtig wie die Symbolkraft der Tiere. Tiere können symbolisch auf Weiblichkeit oder auf Männlichkeit verweisen.[4] Sie stehen für körperliche Kraft, Sexualität, Machtdrang, aber auch für Beziehungsfähigkeit, Feinsinn, Intuition und Spiritualität. Sie sind Bild für lebenserhaltende und lebensbedrohliche Kräfte, bis in den Bereich des Religiösen hinein.

Symbolkraft des Wassers

„Ich sehe helles Wasser, glitzernd in der Sonne. Ich bin sehr glücklich darüber." Beim Aufwachen ist die Frau verwundert über das Traumbild; denn sie fühlt sich seit längerem traurig verstimmt, vor allem am Morgen. Der Traum zeigt ihr, dass es nicht nur die düstere Stimmung der Depression, sondern auch die helle, frische Lebenskraft in ihr gibt. Sie malt das Traumbild und verstärkt so seine Wirkung.

„Ich möchte ein Wasser überqueren und finde keinen Weg, bis ich eine verfallene Brücke entdecke. Ich wage den Überstieg und staune über meinen Mut." – Märchen und Legenden erzählen, dass Helden ein Wasser überqueren – ob in der Unterwelt, ob auf der Erde. Meistens geht es um einen Neubeginn. Denn im Überschreiten des Wassers erschließt sich ein anderes Ufer: gewandelte Lebensmöglichkeit, vielleicht ein neuer Lebensabschnitt. Bei aller Verbreitung eines solchen Motivs sind die persönlichen Variationen des Träumers aufschlussreich: Welchen Weg wählt der Träumende, um das Wasser zu überqueren? Sieht er das Ufer oder tappt er im Dunkel? Ist er allein? Braucht er die Hilfe anderer? – Für jenen Träumer war das Wichtigste der persönliche Mut, ohne fremde Hilfe den Schritt zu setzen. Er hatte seit längerem einen Auftrag zu einem neuen Projekt und hatte bisher nicht gewagt, es in Angriff zu nehmen. Der Traum hat ihm die innere Kraft dazu bewusst gemacht und auch vermittelt.

„Ich werde von einem Strudel wilden Wassers erfasst und in einen Abgrund gerissen." – So ähnlich erlebt sich die Träumerin nach dem unerwarteten Tod des Vaters, mit dem sie eine sehr enge, fast symbiotische Beziehung hatte. Der Traum macht sie darauf aufmerksam, dass sie in Gefahr ist, mit dem Vater zu sterben. Da erwacht ihr Protest: Auch wenn der Vater gestorben ist, sie, die Tochter, will leben! – So ermutigt das erschreckende Traumbild die bereits selbst erwachsene Tochter zur gesunden Ablösung.

„Ich schaukle zufrieden in einer ruhigen Meeresbucht, allein in einem Boot." Das ruhige Bild steht in Kontrast zu den Gefühlsstürmen im Tageserleben (die Frau wurde eben von ihrem Partner verlassen). Im Traum erlebt sie die Zufriedenheit, die ihr nach den Erschütterungen der Trennung abhandengekommen ist.

Wer von Wasser träumt, in welcher Gestalt auch immer, der steht an der Lebensquelle. Das Wasser ist und bleibt unser Ursprung und unsere elementare Kraftquelle. Sie kann allerdings nährend oder bedrohlich sein. Denn schon immer gibt es in Träumen wie im Wachen, in Märchen wie in Mythen das lebensspendende und das vernichtende Wasser, die Quelle und die Sintflut, das bewegte und ruhige, das lichte und dunkle Wasser. Und wie immer gilt das persönliche Erleben des Träumenden als erstes Prinzip für das Verstehen eines Traumbilds. Das dunkle Wasser im Traum erfreut den einen, weil es ihn an sein Biotop im Garten erinnert, und erweckt im anderen abgründige Angst, vom dunklen Wasser verschlungen zu werden. Ganz abgesehen davon, dass Wasser in trockenen Gegenden oder Dürrezeiten einen anderen Stellenwert hat als angesichts der Bedrohung durch Überschwemmungen. – Wie immer Wasser im Traum erlebt wird: Es verrät Daseinsenergie des Träumenden. In der Traumarbeit geht es darum, sie dem Menschen nutzbar zu machen.

Kindheit und Kind im Traum

Wenn die Kindheit sich in Träumen meldet

„Ich bin in einer Spielhütte meiner Kindheit. Zusammen mit den Nachbarskindern spielen wir Vater-Mutter-Kind. Wir sind einfach glücklich." Erstaunt wacht die vielbeschäftigte Frau auf. Der Traum macht ihr bewusst, wie groß ihr Bedürfnis nach spielerischen Freiräumen ist. In der folgenden Zeit erinnert sie sich immer wieder an diese Spielhütte, wenn sie im Stress unterzugehen droht. Sie hat ein Foto von ihr ausgegraben und aufgehängt. Mit diesem Traumbild lebt eine Ressource ihrer Kindheit wieder auf: Es gibt eben auch die andere Welt, und sei es nur für kurze Augenblicke der Ruhe und Entspannung.

Jeder Traum von der Kindheit hat also einen Bezugspunkt zur Gegenwart des Träumens und Erinnerns. Wenn ein Mensch mit vierzig Jahren einen Traum aus der Kindheit erinnert, hat der Traum zunächst eine Botschaft für den Vierzigjährigen! Erst im zweiten Schritt ist zu fragen, welche Botschaft der Traum damals in der Kindheit haben konnte. Und wenn der Traum mit 50

Jahren wieder erinnert oder erzählt wird, kann sich die Bedeutung abermals wandeln.

„*Ich sehe mich als Jungen zusammen mit meinem Fußballteam. Wir sind total gut drauf und wir gewinnen das Turnier! Ich schieße das entscheidende Tor!*" Der Traum erinnert den Mann an die Leidenschaft seiner Kindheit und Jugend und bringt damit genau jene Kräfte ins Spiel, die er in der Enttäuschung über die Scheidung dringend braucht. Er sucht ein Foto aus dieser Zeit und stellt es auf seinen Schreibtisch. Die Lust und Energie des Kindes hilft dem Erwachsenen, die schwere Zeit gut zu überstehen.

„*Ich irre auf einer leeren Straße, es ist sehr dunkel, ich sehe niemanden und ich habe schreckliche Angst.*" Die Träumerin sieht sich als kleines Mädchen, etwa im Vorschulalter. Der Traum erinnert sie an ein traumatisches Erleben, als ihre Mutter für einige Zeit verschwunden war. Zur Zeit des Traums erlebt sie sich ähnlich verloren: Ihre Kinder haben das Haus verlassen und ihr fehlt noch die neue Orientierung.

Nicht nur Ressourcen, sondern auch bedrückende Erinnerungen der Kindheit können sich im Traum melden; sie machen auf unverarbeitete schmerzliche Erfahrungen aufmerksam, die sich bis in die Gegenwart hinein auswirken. Wir tragen eben nicht nur die Lebenskraft der Kindheit, sondern auch die Wunden und Narben in uns. Und es ist grundsätzlich ein gutes Zeichen, wenn solche Träume auftauchen (außer, sie belasten zu viel!). Denn im Träumen selbst, aber auch im Erinnern und Erzählen werden alte Wunden verarbeitet.

Der Traum vom inneren Kind

„Ich finde mein Baby nicht und suche es verzweifelt in der ganzen Wohnung. Dann bemerke ich, wie es hinter einem Vorhang leise wimmert. Beinahe hätte ich es übersehen.“ Beim Aufwachen ist die engagierte Mutter entsetzt: Es ist einfach undenkbar, ein Baby hinter einen Vorhang zu stecken und dort auch noch zu vergessen! Das Erschrecken über ihr unvorstellbares Verhalten macht ihr bewusst, wie sie mit sich selbst umgeht. Das Baby hinter dem Vorhang zeigt in der Symbolsprache des Traums auch, wie sehr jene Frau in ihrem ausgefüllten Tagesleben die kindlichen Bedürfnisse in das Unbewusste abgeschoben hat. Gut, wenn sie sich melden!

Jeder Mensch trägt das Kind, das er einmal war, als seine kindliche Seite in sich; sie kann gesund oder krank, zufrieden oder bedürftig sein – je nachdem, wie das Kind im Traum erscheint. Wer also von einem Kind träumt, meint damit immer auch sich selbst als Erwachsenen, mit seinen kindlichen Bedürfnissen und Fähigkeiten. Besonders wichtig ist dieses „innere“ Kind, wenn ein Mensch seit Beginn seines Lebens zu wenig Kind sein durfte. Wer von klein auf so erwachsen als möglich sein musste und grundsätzlich nur oder vorrangig die Bedürfnisse anderer zu erfüllen hatte, ist um seine Kindheit betrogen worden. Ein Traum vom Kind kann den Erwachsenen also dazu motivieren, den eigenen kindlichen Sehnsüchten und Bedürfnissen Raum zu geben. Es ist vielleicht der Wunsch, einmal all das sein und tun zu dürfen, was Anspruch und Wunsch von Kindern ist:

Nähe suchen ohne Scham, kuscheln, spontan, unvernünftig und zornig sein, eine Tür zuknallen, wenn einem danach ist; im Augenblick leben, sich einmal (körperlich, wohl mehr noch seelisch) tragen oder bedienen und verwöhnen lassen, sich etwas gönnen – einfach aus Freude daran. Kindsein und Kindwerden als Chance für ein gesundes Erwachsenenleben: Auch das kann eine Auswirkung von Träumen sein.

Noch Jahre nach dem Traum hält die Frau manchmal inne und sucht ihr Kind, das oft genug hinter dem Vorhang vegetiert. Auch in guten Zeiten pflegt sie den Kontakt mit ihrem „inneren" Kind; sie spricht mit ihm, nimmt es zu sich, singt auch einmal ein Kinderlied. Sie gewinnt daraus eine innere Kraft, die sie so manche Zerreißproben überstehen lässt. – Das alles klingt vielleicht etwas niedlich oder naiv, aber es geht eben um jene verspielten Anteile in uns, die besonders die Älteren unter den Leserinnen und Lesern oft erst als Großeltern den Enkeln gegenüber erleben und aktivieren können. Wenn wir dieses „innere" Kind nach seinen Wünschen und Bedürfnissen befragen und eine emotionale Beziehung zu ihm herstellen, rühren wir an Bereiche, die im leistungsorientierten Erwachsenendasein mitunter keinen Platz finden.

„Ein Mädchen, etwa im Volksschulalter, begleitet mich. Es ist ein Vifzack, fragt ständig, geht mir damit auch auf die Nerven – aber es setzt sich durch, egal wohin wir kommen. Mir fällt auf, dass das Kind mich die ganze Zeit an der Hand nimmt und führt." Die Frau, etwa 60-jährig, leidet

häufig darunter, dass sie zwar für viele Menschen in ihrer Umgebung durchsetzen kann, was jene brauchen, aber nicht für sich selbst. Sobald sie etwas für sich erreichen will, wird sie unsicher, die Stimme versagt und sie erreicht damit genau das Gegenteil. – Spontan nennt sie das Kind beim Aufwachen mit ihrem eigenen Spitznamen aus der Kindheit. In der Zeit nach diesem Traum lässt sie sich von ihrem kleinen vifen Mädchen buchstäblich an der Hand nehmen: bei wichtigen Telefonaten und in anderen Situationen, wo sie etwas für sich erreichen möchte. So gibt das lebendige kleine Mädchen der Erwachsenen jene Sicherheit, die sie dringend braucht. Nur: So stark hat sie sich als Kind nie in Erinnerung! Offenbar erlebt sie im Traum ein Potenzial ihrer Kindheit, das ein Leben lang nicht zur Entfaltung kommen konnte. Noch mit 60 Jahren kann etwas von dieser Lebensressource wirksam werden!

Wo immer ein Motiv aus der Kindheit oder ein Kind im Traum auftaucht, nähern wir uns den Lebenswurzeln. Das Kind ist Lebenskraft und Ressource, noch als verletztes Kind. Diese Träume sind besonders kostbar. Denn es gibt die Erfahrung, dass nicht nur das Kind den Erwachsenen braucht, sondern, oft noch mehr, dass wir Erwachsene die Kraft des Kindes brauchen. Das gilt auch für unser „inneres“ Kind. Es ist ein unverzichtbarer Teil von uns, den wir für unser Menschsein und Menschwerden dringend brauchen. Und so manchem hat es schon gutgetan, sich von seinem „inneren“ Kind begleiten und an der Hand nehmen zu lassen.

Die Patientin eines Pflegeheims träumt: „*Ich werde schwanger und bringe ein Mädchen zur Welt. Ich freue mich riesig darüber.*“ Im Aufwachen kann sie nur schmunzeln: Was soll das? Damals, vor einem halben Jahrhundert, hatte sie ihre Schwangerschaften geliebt, aber jetzt? Das ist einfach grotesk! Und es passt so gar nicht zu ihrer Tagessituation. Sie leidet an einer Altersdepression; es fällt ihr schwer, sich mit ihrer Pflegebedürftigkeit abzufinden. Aber der Traum lässt sie nicht los. Er wird zu einem Stachel, der ihren Lebenswillen und ihre Lebensfreude anregt. Auf einmal entdeckt sie so manche kleine Freuden, die ihr vor dem Traum entgangen sind: Begegnungen mit der Bettnachbarin und dem Personal; ihre Besuche. Sie lässt sich sogar von ihrem Enkel zu einem Laptop überreden; durch das Internet eröffnet sich ihr eine neue Welt – im Pflegebett. Ihre Situation hat sich von Grund auf gewandelt.

Häufig träumen Frauen in und nach der Menopause (übrigens auch Männer in allen Lebensaltern!) vom Schwangerwerden, Gebären oder von kleinen Kindern. Oft melden sich solche Träume in Lebenssituationen, die scheinbar stagnieren. Ein solches Traumbild kann viel verändern, wenn es in der Kraft seiner Symbolik verstanden wird. Denn Menschen erleben darin ihre Fähigkeit zur Fruchtbarkeit, ob aus der Perspektive der Frau oder des Mannes. Fruchtbarkeit ist überlebensnotwendig, von der Fortpflanzung bis zur geistig-seelischen Fruchtbarkeit. Ein Kind zu haben bedeutet nach altem

Glauben auch Zukunft haben. Dass Menschen noch im Alter Leben vor sich haben, macht das Dasein lebenswert. Im Bild von einem Kind kann diese Zukunft sichtbar werden.

So können Träume vom Kind schöpferische Kräfte zeigen und Wege in die Zukunft weisen. Sogar das Ziel unserer menschlichen Entwicklung kann sich im Bild vom Kind andeuten und im Vorhinein abzeichnen. Denn „Kind" ist Symbol der Ganzheit, meint C. G. Jung. Es drückt – als Symbol verstanden, nicht unbedingt als reales Kind! – das Einssein des Menschen mit sich, mit seiner Welt und dem letzten Grund des Lebens aus. So verwundert nicht, dass das göttliche Kind in vielen Religionen einen zentralen Stellenwert einnimmt.

Von einem gesunden, in sich runden Kind zu träumen, deutet dann auch das innere Einssein eines Menschen mit sich und seiner Welt an. Vermutlich ist es ein lebenslanger Weg, um diese innere Qualität fruchtbar zu machen. Aber sie ist da; das bezeugen die Träume.

Kapitel 4

Bunte Welt der Kinderträume

Kinder sind von Natur aus Spezialisten für Träume. Wenn Sie als Erwachsener Kindern helfen wollen, möglichst viel Gewinn aus ihren Träumen zu ziehen, dann rufen Sie sich in Erinnerung, was bisher über Träume gesagt wurde. Das gilt grundsätzlich auch für Kinderträume. Aber am wichtigsten ist Ihr eigener Zugang zu Ihren Träumen: Je bewusster Sie mit Ihren persönlichen Träumen umgehen, umso besser werden Sie die Kinder in Ihrem Traumerleben verstehen.

Bedrohung, Glück und Witz in Kinderträumen

Viele Träume von Kindern zeigen eine besonders ausgeprägte Bilderwelt, die an die Bildersprache von Märchen und Mythen erinnert. Kinder haben große Unmittelbarkeit zu Urbildern menschheitlicher Erfahrung. Menschheitswünsche wie das Fliegen erlauben sich Kinder unbekümmerter und angstfreier als die meisten Erwachsenen. Auch sonst sind Tabus und Zensurierungen weniger stark wirksam. Die Unmittelbarkeit des Humors und der Angst kann bestechen. Mit den folgenden Traumbeispielen lade ich Sie ein, in die Traumwelt eines Kindes einzutauchen; die meisten Beispiele stammen von einem Mädchen im Alter zwischen sieben und zwölf Jahren; ich nenne sie hier Claudia. Das häufige Vorkommen von Tieren erklärt sich zum einen aus der großen Bedeutung, die lebende Tiere für Claudia haben, aber auch aus der Nähe vieler Kinder zur Symbolwelt, die in den Tieren ja besonders intensiv und unmittelbar begegnet. Die Träume zeigen, wie ein Kind seine glücklichen und schmerzlichen Erfahrungen im Traum ausdrückt und bearbeitet. In den Träumen spiegeln sich Probleme und Belastungen des Tages, zugleich stellen sie einen Ausgleich gegenüber dem bewussten Leben und eine erstaunliche Kraftquelle dar. Ich gebe die Träume in geraffter Form wieder, aus der deutenden Perspektive des Erwachsenen, die dem Kind in dieser Form nicht vermittelt wurde.

Traumreihe 1:

Monatelang träumt Claudia, mindestens einmal wöchentlich: *„Ein Einbrecher kommt in mein Zimmer, er geht zu meinem Bett und geht auf mich los – mit Messern oder mit Händen und Füßen.*“ Am Tag nennt sie den nächtlichen Einbrecher bezeichnenderweise „Räuber“. Mit der Zeit ändern sich die Träume. Claudia lernt, sich zu wehren. Einmal gelingt es ihr, dem Einbrecher mit derselben Geste entgegenzutreten, mit der er sie bedroht hat. Damit ist die Reihe – jedenfalls in dieser Intensität und Häufigkeit – beendet. In der Serie von Träumen zeigt sich die Entwicklung des Kindes, das zunehmend an Kraft gewinnt.

Traumreihe 2:

Bald nach dem letzten „Räubertraum" beginnen Himmelsträume.

„*Mein Pferd kommt in mein Zimmer und zu meinem Bett und galoppiert mit mir durch das Fenster in den Himmel hinauf. Ich sehe mich auf den Wolken reiten, bewundere die Erde mit Bäumen, Häusern und Flüssen unter mir; Engel fliegen mit mir. Ich bin total glücklich.*" Auch dieser Traum wiederholt sich einige Male. Der erste Traum war nach einem Misserfolg in der Schule und einem Ärger über die Mutter am Abend. Im Traum erlebt Claudia die andere Seite ihres Daseins. Besonders beachtlich ist, dass der Traum ähnlich beginnt wie die Räuberträume: Jemand kommt in ihr Zimmer, zu ihrem Bett. Nur ist es diesmal statt des gefürchteten Räubers das geliebte Pferd.

Die Variationen der Himmelsträume sind geradezu köstlich: „*Ich reite gemeinsam mit meiner Freundin Sophie in den Himmel; sie sitzt hinter mir am Sattel, sie kann aber nicht so gut reiten wie ich und fällt herunter; mein Pferd sieht das und macht eine Kurve hinunter, fängt Sophie im Bogen auf und fliegt mit uns beiden galoppierend weiter. Es war total toll!*" Diese lichtvollen Träume wirken aufbauend; Claudia ist auch stolz darauf, wenn sie beim Erzählen der Träume Anerkennung bekommt.

Himmelsträume von Kindern finden sich auch in Verbindung mit Todesfällen. So verarbeitet ein anderes Mädchen den Verlust einer geliebten Bezugsperson im Traum: „*Ich sehe den Opa oben beim Christkind* (der

Großvater war bald nach Weihnachten gestorben). *Lachend sagt er: ‚Hallo!' Das hat mich getröstet.*" Das Malen des Traums hat sie zusätzlich gestärkt. Hilfreich war auch, dass ihr Traum – mit ihrem Einverständnis – beim Begräbnis erzählt wurde.

Einzelne Traumbeispiele:

Im Zusammenhang mit Schwierigkeiten, sich in die Mädchengruppe im Reitstall zu integrieren, träumt Claudia: „*Ich reite auf dem wildesten Pferd des Stalles, allen voran, ich bin die Führerin der Gruppe.*" – Für Claudia wirkt der Traum stärkend; in der Folgezeit fällt es ihr ein wenig leichter, sich im Reitstall zu behaupten.

Ihre Wut auf eine Reitlehrerin, über die sie sich geärgert hat, drückt Claudia in folgendem Traum aus: „*Die Frau Moser reitet auf ihrem Pferd geradewegs in den Misthaufen hinein; dort landet sie kopfüber und strampelt mit den Beinen in der Luft.*" Im Traum hat Claudia eine diebische Freude an der Szene, sie erlebt geradezu ein Triumphgefühl; im Wachen stellt sich die Zensur ein, wie bei Erwachsenen: Schuldgefühle der Reitlehrerin gegenüber.

Fantastisch klingt ein anderer Traum, mit dem Claudia sich gegenüber einer Betreuungsperson, mit der sie einen Konflikt hatte, zur Wehr setzt: „*Ich springe in unseren Teich und verwandle mich in ein Krokodil. Ich spüre, wie meine Arme und Beine zu Flossen werden und ich fresse die Frau Hamster auf. Sie schmeckt mir wunderbar und ich habe eine herrliche Verdauung. Man hat gedacht, ich bekomme ein Baby*", erzählt das zarte Mädchen strahlend nach dem Aufwachen. (Zur Veranschaulichung: Das Mädchen wog zum Zeitpunkt des Traums etwa 35 kg, die Betreuerin über 130 kg!).

„*Der Opa ist auf einmal der Riese Goliath; ich nehme einen Stein und schleudere ihn so, dass der Opa tot hinfällt.*" Claudia wacht glücklich auf: wie stark sie doch ist! – Tagesreste waren die biblische Geschichte von David und Goliath aus dem Religionsunterricht[5] und ein Erlebnis mit dem sehr liebevollen, aber mitunter auch lautstarken und dominanten Großvater. Dass Claudia den Traum so lustvoll erlebt, ist für das hochsensible Mädchen bemerkenswert. In diesem Traum geht es eben nicht um Tötung und Sterben, sondern um die Energie, mit der das Mädchen einen Übermächtigen besiegt. Der Großvater steht symbolisch für bedrohliche Männlichkeit und auch für dominante Mädchen in Claudias Umgebung (so kann die Traumsprache eben sein!).

Im nächsten Traum kommt wieder die Hilflosigkeit gegenüber der Schwester zum Ausdruck. „*Meine Schwester stößt mich weg; sie will meine Freundin heiraten. Ich muss zusehen, wie die beiden sich umarmen, und kann nichts tun. Ich bin sehr traurig.*" – Tagesrest war, dass es der Schwester gelungen ist, die Aufmerksamkeit von Claudias Freundinnen auf sich zu lenken; das kommt im erotischen Element der Traumsprache zum Ausdruck. In der Therapie lernt Claudia, sich gegen manche Übergriffe der Schwester zu wehren. Sie übt im Wachen, was sie im

Traum noch nicht konnte: Für sich beanspruchen, was ihr zusteht.

„Ich und meine Schwester sind Polizistinnen. Wir bestrafen Parksünder und andere Menschen, die Falsches tun. Meine Schwester teilt Ohrfeigen aus; ich schreibe Strafzettel.“ Claudia erwacht sehr glücklich; am meisten freut sie die neu gewonnene Eintracht mit der geliebten Schwester. (Der Traum spiegelt die Entwicklung, die auch im Tageserleben stattgefunden hat.)

In der Schule gibt es disziplinäre Schwierigkeiten, weil Claudias innere Unruhe und Ängste zeitweise zu einem unkontrollierten Verhalten führen. Das belastet Claudia. Sie träumt: *„Ein Polizist kommt in die Schule und sagt zu mir: ‚Claudia, hier in der Schule musst du sterben, oder du kommst mit.‘ Ich denke mir: ‚Sterben will ich sicher nicht, da gehe ich lieber mit.‘ Er ist dann nett zu mir, ich glaube, er will mich umarmen. Am Schluss ist alles irgendwie gut.“* – Im Bild des Sterbens drückt Claudia ihre Not aus, die schulische Situation zu bewältigen. Ein Mann bedroht sie mit der Todeswarnung, aber rettet sie auch in gewisser Weise. Es entsteht der Eindruck, dass das Thema „Mann“ sich langsam wandelt. Der Mann, den sie auch erotisch erlebt, verhilft ihr zu einer Lösung: Es gilt, Abstand von der Schule zu gewinnen – Jetzt muss sie fort, durchaus passend zum Zeitpunkt des Traums, einen Tag vor Ferienbeginn.

Der nächste Traum zeigt wieder besonders unmittelbar die Humoreske der kindlichen Traumsprache: *„Ich bin*

Reitlehrerin und gebe eine Reitstunde. Reitschülerin ist das langsame Pferd Susi, sie reitet auf meinem schnellen Pferd Pedro. Das Pferd Susi sitzt also im Sattel von Pedro, sie hält die Zügel in den Vorderhänden und macht genau, was ich ansage. Aber dem Pedro ist die Susi zu mühsam. Er will schneller laufen, das Gezeter von Susi wird ihm zu dumm und er wirft Susi ab." – Claudia ist beglückt über die Komik dieses Traums: dass sie selbst Reitlehrerin ist und in der Mitte der Halle unterrichtet, dass ein Pferd die Reitschülerin ist und wie stark ihr Pferd ist, weil es das andere Pferd abwerfen kann.

„*Ich bin im Wald, da kommt mir ein Mann näher und belästigt mich; blitzschnell verwandle ich mich mit Hilfe eines Zaubertranks in einen Baum mit langen, starken Wurzeln. Ich stolziere auf den Wurzeln, die werden wie Krakenarme und mit einer umschlinge ich den Mann, so dass er keine Luft mehr bekommt, und ich werfe ihn wie mit einem Lasso ins Wasser. Dann kommen Kinder; ich verwandle mich wieder in meine eigene Gestalt, die Kinder wundern sich. Dann kommt ein Jäger, vor dem ich mich fürchte; ich verwandle mich sofort wieder in einen Baum. Das alles ist lustig und aufregend.*" Claudia ist höchst glücklich über den Traum; sie erzählt ihn mit aufrechter Körperhaltung und mit dem Brustton des Stolzes. Sie fühlt sich mächtig – so völlig anders als zu Beginn der „Räuberträume". Ihre Verwandlungsfähigkeit, die bereits der Krokodiltraum gezeigt hat, gewinnt hier neue Nuancen. Mit Geschick und Fantasie passt sie sich immer anderen Situationen an, um sie souverän zu meistern. Die Gestalt des Traums zeigt auch, wie nahe Kinder den Ursprüngen sein können. Denn Motive wie der Zaubertrank und die Fähigkeit der Verwandlung, auch die innere Nähe zwischen Mensch und Baum finden sich in vielen Mythen und Märchen. Zudem bringt der Traum deutlich andere Seiten des Mädchens zutage als im bewussten Leben. Das Mädchen, das im Wachen Probleme mit Veränderungen hat, kann im Traum höchst flexibel sein; das sozial unsichere Kind nützt im Traum die Lebenskraft seiner Wurzeln und fühlt sich damit beachtet; das Mädchen, das klein gewachsen ist, stolziert in seiner inneren Größe: Ein Ressourcentraum, der seinesgleichen sucht!

Hilfreiche Einstellungen des Erwachsenen zu Kinderträumen

Mit Respekt und Zurückhaltung der kindlichen Traumwelt begegnen

„Ich bin mit meinem Pferd in den Himmel geflogen – es war wunderschön ... nachher habe ich nicht gewusst, wo ich bin. Was ist wirklich: das Fliegen auf dem Pferd im Galopp zum Himmel oder mein Bett?" Viele Kinder erleben ihre Träume als sehr real und sie fühlen sich nach dem Aufwachen noch länger im Traum als die meisten Erwachsenen. Je kleiner das Kind ist, umso schwerer kann es die Welten zwischen Tag und Nacht unterscheiden. Für sein seelisches und körperliches Wohlbefinden braucht das Kind viel Ruhe, vor allem wenig Stress am Morgen. Die grundlegende Voraussetzung, wie Erwach-

sene das Kind im Umgang mit seinen Träumen unterstützen, ist der Respekt vor der Wirklichkeit der kindlichen Traumwelt und die Wertschätzung ihrer Bildersprache. Denn ein Kind, das in einer Umgebung aufwächst, in der Träume unerwähnt bleiben oder nur „Schäume" sind, gewinnt auch selbst nur schwer Zugang zu seinen Träumen und scheut sich davor, sie zu erzählen. Das Kind lebt vielleicht in seiner eigenen Traumwelt (bei Nacht, oft auch bei Tag), findet aber nicht das nötige Verständnis seitens der Erwachsenen.

Auch das andere Extrem schadet dem Kind: Wenn Erwachsene das Kind in einer Weise nach seinen Träumen ausfragen oder gar aushorchen, dass die Grenzen der Intimität des Kindes verletzt werden und die Erwachsenen ihre eigene Neugier befriedigen; geschweige denn, dass die Träume zu gegebener Zeit sogar als Waffe gegen das Kind eingesetzt werden! Ein Kind, dessen Träume so missbraucht werden, verliert nicht nur die Motivation dazu, den Erwachsenen seine Träume zu erzählen, sondern oft auch das Vertrauen in die eigene Traumwelt.

Besonders erschwerend ist es für Kinder, wenn Erwachsene es nicht ertragen, dass sie in Kinderträumen schlecht wegkommen. Erwachsene, die sich durch die Art, wie ein Kind von ihnen träumt, persönlich angegriffen fühlen und meinen, sich verteidigen zu müssen, missverstehen den Traum und irritieren das Kind. Die Träume vom Riesen Goliath und vom Krokodil zeigen besonders deutlich, welche Kraft Claudia im Traum erlebt. Sie wäre zunichtegemacht, wenn Erwachsene sich persönlich angegriffen fühlten. Angenommen, jener

Großvater, der als „Riese Goliath“ mit einem Stein umgebracht wird, wäre darüber empört oder gekränkt: Damit wäre der Traum völlig missverstanden und um seine Wirkung gebracht. Außerdem wäre die Beziehung des Mädchens zum Großvater gefährdet. Das Kind müsste künftig genau abwägen, welchen Traum die Erwachsenen verkraften können und welchen nicht. Ein Kind findet nur Zutrauen, dem Erwachsenen seine Träume zu erzählen, wenn es erfährt: Ich bin ernst genommen in meinem Traumleben; mein Traum wird nicht zerpflückt oder so hingebogen, dass er den Erwachsenen passt.

Kinderträume nicht deuten oder bewerten!

Wer sich als Erwachsener Gedanken zu den Träumen von Kindern macht, sollte sich immer seiner Grenzen bewusst sein: Wer weiß, was dieser Traum dem Kind wirklich sagen will! Noch mehr als bei den Träumen Erwachsener gilt bei Kinderträumen: Nur der Träumer versteht seinen Traum. Denn die Sprache des Kindes kann sich gerade dort, wo es um die Symbolwelt geht, sehr von der Sprache Erwachsener unterscheiden. Besonders Erwachsene, die selbst wenig Bezug zur Bildersprache haben, sollten sehr zurückhaltend mit Kinderträumen umgehen. Denn ein Erwachsener, der einer rational-pragmatischen Denk- und Ausdruckswelt verhaftet ist, lebt in einer anderen Welt als das Kind mit seiner Traumwelt. Er wird dem Kind schwer gerecht werden. Die Gesetze der Traumsprache, insbesondere der Kinderträume, sind eben andere als die gesellschaftlich erlernten Maßstäbe eines vernunftorientierten Erwachsenen. Kein Wunder, dass Kinder dann auch selbst an der Wirklichkeit und Sinnhaftigkeit ihrer Gefühle, Träume und Fantasien zweifeln können und im Umgang mit ihren Träumen verunsichert werden. Also auf keinen Fall dem Kind seine Träume deuten!

Praktisches für den Umgang mit Kinderträumen

Selbstverständlich einander Träume erzählen

Träume sind dem Kind als etwas zu vermitteln, das zum Leben gehört. Bekannt sind Gepflogenheiten von Naturvölkern, Träume zu erzählen. Gertrud Ennulat überliefert ein altes Brauchtum bei den Senoi, einem Inselvolk in Malaysia[6]: Beim Frühstück werden zuerst die Kinder nach ihren Träumen gefragt; sie werden für den Traum wie auch für das Erzählen gelobt. Dann folgt ein Gespräch über das Verhalten des Kindes im Traum mit Tipps für das Verhalten im nächsten Traum und für die Umsetzung in den Alltag.

Wie am Morgen nach Träumen gefragt wird, so kann es zum Abendritual gehören, Neugier auf die nächtliche Bilderwelt zu wecken: das Kind einladen, sich im Schlafen das „innere“ Bilderbuch oder einen „inneren“ Film anzusehen. (Das wird dem Kind umso leichter gelingen, je weniger es mit Fernsehfilmen oder DVDs überhäuft wird.)

Nicht nur das Kind, sondern auch die Erwachsenen erzählen ihre Träume. Vielleicht macht das Kind die Erfahrung, dass es sich seine Träume besser merkt als die Erwachsenen; im Träumen sind viele Kinder den Erwachsenen voraus. So jedenfalls erlebte sich Claudia in der Zeit ihres intensiven Träumens: Für das Mädchen ist das Merken und Erzählen der Träume ein Erfolgserlebnis. Gegenüber den Erwachsenen und auch der größeren Schwester ist das der Bereich, in dem sie Profi ist. Aber niemand darf gedemütigt werden, der sich Träume schwerer merkt. Sonst entsteht ein neuer Leistungswettbewerb rund um das Träumen.

Den Traum lebendig halten

Viele Kinder haben die besondere Fähigkeit, den Traum im Wachen noch eine Zeitlang weiterzuträumen. Besonders bei angenehmen Träumen hilft es dem Kind, noch länger im Traum zu bleiben und seine Kraft zu nützen. Dabei entfaltet sich oft die Fantasie des Kindes. Deshalb ist es nicht leicht zu unterscheiden, was ein Kind im Traum erlebt hat und was im Fantasieren daraus geworden ist – aber beides ist wichtig, um das Kind in seiner bewussten wie unbewussten Welt zu verstehen.

Besonders hilfreich ist es für das Kind, wenn der Erwachsene mit ihm in seine Traumwelt eintaucht, ihm hilft, den Traum emotional zu halten und ihn auszukosten, vor allem, wenn er als stärkend erlebt wird.

Hilfreiche Reaktionen des Erwachsenen könnten sein: „Es muss ungeheuer toll sein, auf den Wolken zu reiten, das würde ich auch gerne träumen.“ – Oder: „Das muss schlimm sein – einen solchen Traum hätte ich auch nicht gerne.“ Wenn ein reiferes Kind sich mit seinem Traum auseinandersetzen will: „Was glaubst du, sagt dir der Traum?“ Wie immer ist das Wichtigste, ressourcenorientiert mit einem Traum umzugehen. Gibt es Lösungsmodelle im Traum selbst oder im wachen Protest dagegen? Dazu könnten Kinder etwa so angeregt werden: „Wie könntest du es das nächste Mal leichter haben?“

Das Kind zu Kreativität anregen

Spielerische Methoden helfen Kindern, die Wirkung ihrer Träume zu verstärken. Manche Kinder spielen den Traum nach oder malen ihn. Besonders hilfreich kann es sein, ein Traum-Malbuch anzulegen, in das Kinder (bereits im Vorschulalter) ihre Träume malen, später auch aufschreiben. Oder sie eröffnen eine eigene Traumdatei im Computer. Kinder haben oft nicht genug sprachliche Ausdrucksmittel für ihre Träume und Worte sind ohnehin zu wenig ausdrucksstark für die Welt der Träume. Wenn Claudia sich als Baum mit den starken Wurzeln malt, wird die Kraft des Traums verstärkt.

In einem Traum-Malbuch sind Entwicklungen gut wahrzunehmen; sie können mit dem Kind auch besprochen werden, wenn das Kind das möchte. Die meisten Kinder lieben und brauchen kreative Methoden! (Mehr dazu gleich im nächsten Abschnitt.)

Hilfe bei Angstträumen

Vom natürlichen Umgang des Erwachsenen mit seiner eigenen Angst

Viele Erwachsene können schwer mit Angstträumen der Kinder umgehen; nicht nur, weil sie sich Sorgen um das Wohlergehen der Kinder machen, sondern auch, weil sie im Umgang mit ihrer eigenen Angst unsicher sind. Was immer von Thesen über die hohe Zahl unserer Angstträume zu halten ist[7] – Tatsache ist, dass vermutlich alle Erwachsenen unter Ängsten leiden, im Wachen wie im Träumen. Viele verbergen ihre Angst hinter einer nach außen hin randvollen und lautstarken Lebensgestaltung, die der Angst wenig Raum lässt. Angst ist häufig ein Grund, warum Menschen sich wenig Träume merken. Wer seine eigenen Ängste nicht wahrnimmt oder dort, wo sie auftauchen – etwa in unangenehmen Träumen – nur negativ bewertet, wird dem Kind schwerlich einen entspannten Zugang zu seinen Angstträumen vermitteln können.

Denn ein Kind mit seinen angstbesetzten Träumen konfrontiert den Erwachsenen mit seinen eigenen Ängsten. Das kann sehr unangenehm sein, wäre aber für alle Betroffenen äußerst heilsam, wenn der Erwachsene sich dessen bewusst ist! Denn nur wer selbst erlebt hat, dass gerade diese unangenehmen Träume in der Entwicklung weiterführen, wird dem Kind auch in seinen Angstträumen beistehen können.

Ein weiteres Erschwernis für den Umgang mit kindlichen Angstträumen ist ein Wirklichkeitsverständnis vieler Erwachsener, das Kindern schon von klein auf eingeimpft wird: Wahr ist nur, was der äußeren Realität entspricht. Dann ist ein Traum vom Zusammenbruch eines Hauses, der ein Kind in Schrecken versetzt, eben nicht wahr, wenn das Haus nicht tatsächlich zusammenbricht. Der Traum wird nicht ernst genommen, aber die Angst bleibt. (Es ist z. B. die Angst vor dem Scheitern der elterlichen Beziehung, die sich in einem solchen Traumbild ausdrücken kann.) Eine solche fragwürdige Einstellung Erwachsener drückt sich oft in Tröstungsversuchen aus (so gut sie auch gemeint sind): „Aber geh, es ist doch kein Einbrecher im Zimmer, es gibt doch keine Geister!" Wenn ein Kind mit so billigen Sprüchen abgespeist oder gar als realitätsfremder Angsthase hingestellt und damit im Grunde verspottet wird, ist das nicht nur demütigend für das Kind, sondern widerspricht den Prinzipien der Traumsprache. Der Einbrecher ist sehr wohl da, freilich in der Wirklichkeit der kindlichen Traum- und Fantasiewelt. Die heilsame Kraft der Angstträume wird dem Kind so verwehrt.

Auch das verbreitete Leistungsprinzip verschärft die Belastung durch einen Traum, in dem ein Kind etwas nicht meistert. Denn wenn man/frau grundsätzlich alles bewältigen muss, wenn Schwächen verpönt sind, jedenfalls nicht zugegeben oder gezcigt werden dürfen, dann werden die Misserfolge im Traum für das Kind noch bedrückender. Und das Kind leidet nicht nur unter dem Traum selbst, sondern muss sich auch noch dafür schämen, dass es die Situation nicht meistert.

Vom natürlichen Umgang mit der Angst des Kindes – zwischen Überdramatisieren und Verharmlosen

Angst ist ein natürliches Phänomen, das zu jedem Leben gehört. Vermutlich hat jedes Kind Ängste, auch wenn es sehr behütet aufwächst (und oft gerade dann, weil es weniger Widerstandskraft entwickelt). Der eine oder andere Angsttraum braucht die erwachsene Umgebung des Kindes nicht zu verwundern oder in extreme Aufregung zu versetzen. Eine Dramatisierung der Angst durch Erwachsene verstärkt noch die Angst des Kindes. Außerdem könnte eine solche Reaktion Erwachsener ein sensibles Kind (und solche erleben ja meistens diese Ängste) daran hindern, Angstträume zu erzählen, um die Erwachsenen nicht zu sehr zu belasten.

Andererseits sollten aufmerksame Erwachsene die Warnsignale, die durch Angstträume ergehen, nicht übersehen. Wenn solche Träume sich wiederholen und das Kind sehr unter ihnen leidet, können sie auf eine äußere oder innere Belastung aufmerksam machen. So lassen häufige Träume von Räubern, Einbrechern oder wilden Tieren auf eine äußere Bedrohung schließen. Das können Menschen, aber auch Systeme mit einem überhöhten Leistungsanspruch sein. Auch die Möglichkeit von Gewalt und Missbrauch (ob sexuell oder psychisch) ist zu erwägen. Zu den inneren Faktoren zählen eine psychische Labilität des Kindes, überhöhte Sensibilität oder mangelnde Frustrationstoleranz. Aber bitte, zuerst die äußere Welt überprüfen! Jedenfalls sollten gehäufte bedrohliche Traummotive den Erwachsenen dazu anhalten, die äußere und innere Lebenswelt des Kindes zu beobachten und eventuell professionelle Hilfe in Anspruch zu nehmen.

Hilfreiche Gespräche über Angstträume

Ein Kind wie Claudia ist zu würdigen, wenn sie den Mut hat, dunkle Träume zu behalten und zu erzählen. Am Anfang der seelischen Begleitung steht das Verstehen. Ein Erwachsener könnte die Not des Kindes vielleicht so wahrnehmen und spiegeln: „Es ist schlimm, von bösen Räubern und Einbrechern zu träumen ... Dass du dir solche argen Träume überhaupt merken kannst, ist einfach toll! Das können viele Erwachsene nicht!“ Oder: „Es ist eine Leistung, so oft Räuber auszuhalten. Ich kann solche Träume nicht immer so gut aushalten wie du.“ – Solche durchaus sachgerechten Aussagen stärken das Selbstwertgefühl des Kindes und tragen so zur Unterstützung gegen seine Angst bei. Weiterführend können Impulsfragen wie diese sein: „Was, meinst du, können wir gegen die Räuber unternehmen? Hast du eine Idee, wie du dich noch besser wehren könntest? Wer könnte dir dabei helfen? ...“

Solche Stellungnahmen Erwachsener nehmen die Angst des Kindes ernst und ermutigen das Kind, eigene Lösungen zu suchen. Besonders entlastend ist es für das Kind zu wissen: Auch Erwachsene haben Ängste und schlimme Träume.

Wenn ein dunkler Traum nicht erzählt wird, verschließt sich das Kind. Das bedrückende Traumgefühl findet kein Ventil und die Bewegung kommt zum Stillstand. Die Folgen sind oft Gefühle der Traurigkeit und Einsamkeit, Gemütskrankheiten und auch körperliche Symptome. Denn was erzählt wird, kann sich wandeln. Im Erzählen, besonders im Malen oder kreativen Gestalten wird die Angst kanalisiert; sie wandert geradezu aus dem Kind hinaus auf das Material. Das Produkt, das auf diese Weise entsteht, kann in die Erde eingegraben oder an einem besonderen Ort aufgehoben werden. Das Kind weiß um seine Angst, aber sie rückt etwas ferner.

Dem Kind Schutz anbieten

Ein Kind, das unter Angstträumen leidet, braucht besonders achtsamen Umgang: das Zimmer gut abschließen oder die Tür zum Elternzimmer offen lassen (je nachdem, wie sich das Kind wohler fühlt); ein sanftes Licht brennen lassen. Vermutlich braucht das Kind zum Einschlafen menschliche Nähe, jedenfalls besonders viel Ruhe und Geborgenheit. Es gilt, das Kind zu stützen und zu schützen, auch ohne ausdrückliche Bezugnahme auf den Traum.

Auch hilfreiche Wesen entlasten und unterstützen das Kind. So kann eine lebende, gestorbene oder auch räumlich entfernte Oma oder ein vertrautes Tier (ob lebend, ob aus Stoff oder in der Vorstellung) oder auch ein „Schutzengel“ dem Kind zur Seite stehen. „Und wenn der Einbrecher wiederkommt: Dann wird die Oma, der Löwe oder der Tiger bei dir sein und dir helfen.“

Beliebt sind auch Traumfänger, die über das Bett des Kindes gehängt werden; sie gehen auf die indianische Vorstellung vom Traumsieb zurück. Ihr Ziel ist es nicht, dunkle Träume zu vernichten oder grundsätzlich fernzuhalten, sondern das Kind vor ihrer Übermacht zu schützen.[8]

Die eigenen Abwehrkräfte des Kindes stärken

In den Wandlungen der Räuberserie lernt Claudia aus ihrem Unbewussten heraus, die Räuber für einige Zeit zu vertreiben. Diese Abwehr ist auch im Wachen zu üben. Dazu hilft, wenn sie die Körperhaltung der Abwehr, die sie träumt, auch im Wachen vollzieht und damit die Traumressource verankert. „Ich finde es total spannend, wie du dich gegen die Räuber gewehrt hast. (Ich könnte das auch manchmal brauchen.) Zeigst du mir das noch einmal?“ Ein mutiges Kind kann das sogar vor dem Spiegel ausprobieren. Wichtig ist, aus der Räuberreihe nur den Impuls der Abwehr zu fokussieren. Die Bedrohung hat das Kind lange genug intensiv erlebt, sie sollte nicht wiederholt werden. Aber die Ich-Stärke der Verteidigung ist mit allen Sinnen auszukosten, wenn das dem Kind Freude macht. Am wichtigsten ist die Würdigung.

Denn die „Räuber“ kehren vielleicht wieder, aber das Mädchen weiß, wie sie mit ihnen umzugehen hat. Auch der Traum mit den Wurzeln ihres Baums hat sie dabei lange Zeit begleitet und unterstützt. Den eigenen Wurzeln zu trauen ist die wirksamste Hilfe gegen die Angst.

Wozu Erwachsene die Träume der Kinder brauchen

Es ist eine Erfahrung, dass wir Erwachsene von unseren Kindern mindestens ebenso viel lernen wie sie von uns. Das gilt auch für die Träume. Die Traumwelt der Kinder hat schon manchen Erwachsenen an seine Kindheitsträume erinnert, die vielleicht jahrzehntelang vergessen waren. So können Kinder, wenn sie ihre Träume erzählen, im Erwachsenen die Ressourcen der eigenen Kindheit aktivieren oder reaktivieren. Die bilderreiche Gestalt der Träume kann einen Erwachsenen auch an seine eigene unbewusste Fantasiewelt erinnern. So manche Erwachsene behalten selbst mehr Träume und gehen wacher mit ihnen um, wenn sie die Träume ihrer Kinder erzählt bekommen.

Auch die mutige Art, wie Kinder sich im Traum ihren Ängsten stellen, kann Erwachsene dazu anregen, ihre eigenen Ängste zuzulassen.

Das Erinnern und Behalten von Träumen haben viele Kinder uns ebenfalls voraus. Wie Kinder noch länger im Traum verweilen können, wie sie den Traum auch nach dem Aufwachen noch halten und im Fantasieren rund um den Traum auskosten können, das kann einem Erwachsenen helfen, auch seinen eigenen Träumen mehr Raum zu geben. Zu gegebener Zeit ist es durchaus angebracht, dem Kind diesen Gewinn, den ein Erwachsener von seinen Träumen hat, auch zu signalisieren!

Ein Haflinger als Chefkoch – Träume zum Genießen

Einige Jahre nach der großen Zeit ihrer Kindheitsträume erinnert Claudia sich an den Traum, in dem sie sich in einen Baum verwandelt hat. Noch in derselben Nacht träumt sie:

„Ich treffe mich mit einer Freundin zum Essengehen. Wie wir in ein Gasthaus hineingehen, sind da keine Menschen, sondern die Pferde unseres Reitstalls, die an den Tischen sitzen und essen und trinken. Die Vorderbeine haben sie auf den Tischen. Da haben wir gesagt: ‚Wir fahren nochmals in den Reitstall und holen die Halfter für die Pferde, damit wir sie zurückbringen können.‘ Wie wir wieder ins Restaurant kommen, waren da keine Pferde mehr, sondern Menschen, die an den Tischen sitzen. Das habe ich nicht gleich bemerkt und ich wollte einem Mann das Halfter draufgeben, das ist irgendwie nicht gelungen. Er war grantig, über das, was ich da mache; da habe ich bemerkt, dass es ein Mensch und kein Pferd ist.

Auf einmal sehe ich meinen Haflinger in der Küche an der Arbeit. Mit den Hinterbeinen zerstampft er Kartoffeln, mit dem Schweif hält er einen Mixer mit Milch, mit den Vorderbeinen zerteilt er die Eier und wirft sie in eine Pfanne. Dabei hebt er immer abwechselnd ein Bein. Dann drehe ich mich um: Da sind alle Pferde hintereinander in einer Reihe ganz ruhig angestellt, sie wollen Kartoffelpüree mit Eierspeis und Milch. Mein Pferd teilt aus. Das war einfach köstlich!“

So kann die Erinnerung an Kindheitsträume in einer jungen Erwachsenen die eigene Fantasie und Kindlichkeit wachrufen und lebendig halten: träumend einfach Spaß erleben! Ein solcher Traum bringt die unbeschwerte Seite des Lebens zum Ausdruck, die uns Erwachsenen oft genug abhandenkommt. Und die Heiterkeit des Traums geht auf so manche Menschen in der Umgebung der erwachsenen Claudia über, denen sie den Traum erzählt, vielleicht auch auf Sie ... Liebe Erwachsene, lassen Sie sich von Ihren Kindheitsträumen und von den Träumen Ihrer Kinder verführen zu Witz und Weisheit der Traumwelt!

Kapitel 5

Methodisches für die Arbeit mit Träumen

Sie möchten den vielen Möglichkeiten der Traumbotschaft noch mehr auf die Spur kommen? Sie wollen die Wirkung Ihres Traums noch verstärken? Vielleicht reizt es Sie, mit allen Sinnen, auch mit schöpferischen Methoden, der Botschaft Ihrer Träume nachzuspüren und sie noch zu vertiefen: Dann sind die folgenden Überlegungen speziell für Sie gedacht. Der zweite Abschnitt dieses Kapitels bietet methodische Anregungen für Menschen, die im privaten Umfeld oder in Beratung und Psychotherapie andere bei ihren Träumen begleiten.

Träume mit allen Sinnen erleben und praktisch nützen

Wo wir an Bereiche unseres Lebens rühren, die nicht nur den Gesetzen des Denkens und Planens folgen, und wo wir Tieferes ahnen und erleben als das, was unser tägliches Leben ausmacht, dort stoßen Worte an ihre Grenzen. So ähnlich sind auch alle Bemühungen um die Traumbotschaft: Sie können nur andeuten oder umschreiben, was in einem träumenden Menschen vor sich geht und was ein Traum ihm zu sagen hat. Es ist so ähnlich wie mit intensiven Gefühlen, die mit keinem Wort ausreichend wiedergegeben werden können. Deshalb sind ganzheitliche Methoden, die insbesondere die Gefühlsebene des Menschen ansprechen, sehr hilfreich, um die vielen Facetten der Traumbotschaft ans Licht zu bringen. Zugleich wird die Wirkung des Traums verstärkt.

Die wichtigste Voraussetzung für gelungene Kreativität ist die spielerische Einstellung dazu. Es geht nicht darum, etwas Perfektes von hoher künstlerischer Qualität zu produzieren! Manchen Menschen helfen solche Methoden, um auf einer anderen Ebene als gewohnt mit sich selbst in Kontakt zu treten. Nichts wollen, einfach geschehen lassen ist gemeint. Diese Einstellung ist deshalb so wichtig, weil besonders Erwachsene leicht unter Leistungsdruck geraten. Wie oft reagiert jemand spontan auf die Anregung zur kreativen Umsetzung: „Das kann ich nicht!“ So ist die Anregung nicht gemeint. Worum es hier geht, das kann jede und jeder! Manchen hilft die Vorstellung, ein kleines Kind zu sein oder eine Art moderner Kunst zu versuchen, wie sie dem naiven Betrachter erscheinen mag: Da ist eben alles möglich.

Material spielen lassen

Ich habe Material vor mir liegen, griffbereit: weiche Farbstifte, Fingerfarben, Modellierton, Tücher, buntes Papier, einen Sandkasten, Steine, Figuren, Seidenpapier und vieles andere mehr. Ich mache es mir gemütlich, entspanne mich, erinnere mich an die Gefühle im Traum und greife irgendwann spontan zum Material – wie Kinder aus einer Schachtel mit Bachblütenessenzen die richtigen finden, ohne viel nachzudenken. Ich erlaube den Farben oder dem Ton, etwas mit mir zu machen (nicht nur: Ich mache etwas mit ihnen!).

In der Begegnung mit dem Ergebnis der kreativen Tätigkeit können noch neue Variationen des Traums zum Leuchten kommen. Es empfiehlt sich, solche Produkte immer wieder zu betrachten und auf sich wirken zu lassen, vor allem wenn sie wohlig erlebt werden. Aber es sollte möglichst niemand wissen, was damit gemeint ist; denn die Aussage und Botschaft eines solchen „Bildes" wandelt sich oft von Tag zu Tag, und Deutungen engen ja immer ein. Die Aussage bleibt am besten das persönliche Geheimnis des Träumers. – So bindet und verstärkt sich im kreativen Darstellen eines Traumbilds die fruchtbare Energie eines Traums. Seine heilende Kraft wird intensiviert und lebendig erhalten. Diese energiegeladenen Kreationen speichern geradezu die Lebenskraft eines Traums und können in schlimmen Zeiten Unterstützung und Kraft zum Durchhalten geben. Das war und bin eben auch ich!

Auch bei Träumen, die schmerzliche Gefühle wecken, hilft das schöpferische Umsetzen. Nach der Überzeugung von Naturvölkern wird im Malen eines Angstdämons die Angst kanalisiert; sie verdichtet sich im Bild. Der Mensch bringt sie aus sich heraus, steht ihr gegenüber und ist nicht mehr so sehr identifiziert mit ihr. In der Begegnung mit einem solchen Bild kann ein Mensch lernen, mit seiner Angst umzugehen. Oft ist es aber gut, ein solches Produkt nicht zu intensiv zu betrachten, sondern es zu gegebener Zeit wieder aus dem Blickfeld zu rücken. Verbrennen kann eine sehr gelungene Form der Verarbeitung sein. Denn Verbrennen ist ein Reinigungsprozess, der – dank der Aggressivität des Feuers – eine Verwandlung möglich macht. Auch Eingraben ist ein altbewährter Brauch: Der „Mutter Erde“ oder dem Wasser, dem Feuer oder der Luft wird das, was belastet oder zu verabschieden ist, zur Wandlung anvertraut.

Kreative Zugänge ohne Material

Wieder gehe ich von einer gemütlichen, entspannten Situation aus, rufe mir den Traum ins Bewusstsein und spüre in mich hinein:

- *Mit welchen Rhythmen und Bewegungen könnte ich den Traum verbinden oder auch ausdrücken? Welche Körperhaltung entspricht dem Traumgefühl am meisten?*
  Fällt mir eine Melodie ein? Oder ein Gedicht? Will sich mein Körper spontan bewegen? Dabei meldet sich vielleicht eine Erinnerung oder ein anderer Impuls, den der Traum in mir weckt. Richtet sich der Körper auf – oder beugt sich der Rücken?

- *Wie nehme ich mit meinem Körper den Traum wahr? Wo im Körper erlebe ich mich besonders, wenn ich an den Traum denke?*
  Für Menschen mit ausgeprägter Körperwahrnehmung ist der Körper selbst der Gradmesser, die An-

tenne oder das Pendel für den Traum. Ein Traum, der im Brustkorb Beklemmung auslöst, macht darauf aufmerksam, dass ein Mensch nicht genug Raum zum Atmen hat. Ein Krampf im Bauch oder ein Wärmegefühl im Becken können vital-emotionale Aspekte der Traumbotschaft oft deutlicher machen als jedes Wort. In Gruppen eignet sich eine szenische Darstellung des Traums hervorragend, um Facetten der Traumbotschaft zu entdecken.[9]

Mit Traumgestalten in Kontakt treten

Eine besondere Form, im Wachen einen Traum zu verarbeiten, ist die bewusste Kontaktaufnahme mit Traumfiguren. Auf diese Weise wird der Traum noch lebendiger, und so manches, was im Traum vage angedeutet oder unausgesprochen war, findet Klärung. Besonders hilfreich ist dieses Vorgehen bei Träumen, in denen ein Mensch sich von gesichtslosen und namenlosen Personen, auch von Tieren bedroht fühlt. Ohne klares Gegenüber ist der Angegriffene wehrlos. Doch im bewussten Ansprechen von Gestalten des Traums (das können auch Tiere oder Gegenstände sein) zeigt sich manchmal, wer sich dahinter verbirgt.[10] Wenn sich im Angreifer eine Gestalt der Außenwelt, ob aus dem Tagesleben oder von früher zeigt, dann wird die reale Bedrohung bewusst, der Träumer sucht am Tag vielleicht Hilfen, ist jedenfalls mehr auf der Hut. Oft melden sich auf diese Weise auch alte traumatische Erlebnisse. Diese Entdeckung ist schon ein erster und oft der wichtigste Schritt, um aus der Ohnmacht in eine sichere Position zu gelangen.

Die Kontaktaufnahme kann auch in anderer Form, vielleicht schriftlich geschehen: Ich schreibe einer Traumgestalt, die mir sehr verschwommen erscheint, die aber starke Gefühle auslöst, einen Brief; im Schreiben kann die Figur Konturen annehmen; damit bekomme ich mehr Einfluss auf das Geschehen. Es kann auch einen Gesprächsaustausch oder Briefwechsel mit der Traumgestalt geben. Der Fantasie sind fast keine Grenzen gesetzt.

Wenn der Traum mir etwas sagen wollte ...

Das Gespräch kann auch den Traum als ganzen meinen: „Wenn der Traum mir etwas sagen wollte: Was könnte er sagen?“ Vielleicht: „Pass besser auf dich auf!“ – „Du hast viel gute Energie in dir.“ – „Die Menschen mögen dich mehr, als du glaubst ...“ – „Du weißt nicht, was du willst!“

Für alle diese Methoden gilt:

Sich überraschen lassen!

Wer sich mit einer dieser Methoden auf seinen Traum einlässt, kann im Prozess des Verarbeitens Erstaunliches erleben. So greift ein Träumer in der Erinnerung an einen dunklen Traum spontan zu fröhlichen Farben; oder ein scheinbar sehr lustiger Traum bekommt im Malen eine traurige Ausstrahlung. Oder zu einem verworrenen Traum stellt sich eine klare Melodie oder eine harmonische Bewegung ein. Das kann wie von selbst geschehen. Mag sein, dass aus dem Unbewussten eine Ressource auftaucht. Die freundlichen Farben zum (zunächst) „unfreundlichen“ Traum zeigen, dass es im Träumer eben noch etwas anderes gibt als die Angst; so tauchen stärkende Aspekte des Traums auf. Eine überraschende oder befremdliche Reaktion kann auch ein Korrektiv im Sinn einer Infragestellung des nur „Rosigen" eines glücklichen Traumbilds sein. Was spontan geschieht, drückt am unmittelbarsten den Verarbeitungsprozess aus unserer unbewussten Tiefe aus. Im Aufgreifen und Verarbeiten solcher Prozesse kann ein Zusammenspiel zwischen Bewusstem und Unbewusstem gelingen. Wer es einmal probiert hat, wird es immer wieder gerne versuchen.

Exkurs: Weiterträumen – Möglichkeiten und Grenzen einer Methode

Was Kinder so gut können – nach dem Aufwachen noch im Traum verweilen –, das kann auch Erwachsenen helfen, die Wirkung eines Traums zu verstärken. Allerdings ist diese beliebte Methode mit Vorsicht zu genießen.

Angenehme Träume noch weiterzuträumen kann helfen, die Traumenergie in sich lebendig zu erhalten oder sogar zu verstärken. Aber hier ist das bewusste Zurücknehmen nötig, damit die Traumenergie auch tatsächlich am Tag wirksam wird. Denn wer angenehme Träume zu sehr verlängert, entzieht sich damit leicht dem – oft recht andersgearteten – Tagesleben und flüchtet in eine irreale Scheinwelt. Dann werden für die nächsten Nächte wieder „schöne" Träume erwartet und ein Mensch verschließt sich der andersgearteten, eben auch „unschönen" Seite des Lebens.

Wieder andere Träume hinterlassen ein unbefriedigendes oder schmerzliches Gefühl. Sie erwecken den Eindruck: Hier fehlt so vieles! Sie sind einseitig, verzerren das Bild, das der Träumer im Wachen von sich hat, wie Vergrößerungs- oder Verkleinerungsspiegel; sie stiften Verwirrung, Angst und Stress. Oft rettet nur das Aufwachen vor dem Schlimmsten. Dann entsteht das Bedürfnis, diese Träume zu ergänzen, zu korrigieren oder fortzusetzen.

Wer sich in einem Traum wehrlos erlebt hat, kann auch einmal im Wachen versuchen, den Traum oder einzelne Szenen mit anderen Augen wahrzunehmen: Gibt es doch einen kleinen Lichtblick im Traum selbst, den ich bisher übersehen habe? Kann ich ihn vielleicht etwas verstärken? Oder: Wie würde ich mich erleben, wenn ich mich nur ein wenig wehren könnte? Ein Träumer kann auch eine Hilfsperson einführen, ein hilfreiches Tier, einen Engel oder Menschen, der ihm zur Seite steht.

Oder ein Mensch gestaltet die Traumgeschichte an irgendeinem Punkt neu. Oft gibt es auch eine Wegscheide, die erst im Nachhinein erkennbar wird: In diesem Augenblick hätte ich mich wehren können oder schreien sollen. Oder ein erschreckender, entmutigender oder fehlender Traumschluss wird durch einen befriedigenden Schluss ergänzt oder ersetzt.

Übungen dieser Art können für kurze Zeit Erleichterung bringen, aber sie sind mit Vorsicht anzuwenden. Denn wer so mit einem Traum umgeht, läuft Gefahr, sich etwas vorzumachen, was keine reale psychische Basis hat. Das gilt vor allem, wenn extrem andere Lösungen als die des Traums vorgestellt werden. Denn ein schmerzlicher Traum zeigt eine existentielle Unsicherheit eines Menschen auf, die eben da ist. Was ein Mensch im Traum nicht kann, kann er auf einer bestimmten Ebene seines Lebens eben nicht. Der Hilfeschrei der Psyche, der im Traum ergeht, ist ernst zu nehmen. Sonst belügt ein Mensch sich selbst. Doch kann bei aller gebotenen Vorsicht ein solches Weitergestalten unter Umständen hilfreich sein. Versuche in kleinen Schritten können Kräfte der Veränderung wecken, weil sie zur Horizonterweiterung beitragen und Ressourcen aktivieren: „Wie wäre es, wenn es nur ein bisschen (!) leichter wäre ... ?“ Wo ein Mensch zu der Vorstellung fähig ist, er könnte den Traum auch angstfreier bestehen, hat er irgendwo in seinem Inneren die Fähigkeit dazu.

Freilich sind solche Formen des Weiterträumens meist nur wie Krücken, die aber immerhin das weitere „Gehen“ unterstützen. Und sie geben dem verletzten „Bein“ Zeit und Raum zum Heilwerden. So kann ein Mensch sich vom Schock über einen schlimmen Traum erholen und Mut zu weiteren Schritten fassen.

Luzides Träumen – Bedenken gegenüber einer beliebten Methode

„Luzides Träumen“ oder auch „Klarträumen“ ist gegenwärtig sehr bekannt und geliebt. Der Ausdruck leitet sich vom lateinischen Wort „lucere“, d. h. „leuchten“ oder „klar sein“ ab. Gemeint ist zunächst ein Traumerlebnis, in dem der Träumer sich dessen bewusst ist, dass er träumt. Im Traum zu wissen, dass ich träume, kommt tatsächlich oft vor und ist ein natürliches Phänomen der

Traumerfahrung. Damit verbunden wird allerdings (und das ist landläufig zumeist mit „luzidem Träumen" gemeint) das Bemühen, verändernd in den Traum selbst einzugreifen. Hier sind grundsätzliche Vorbehalte angebracht: Muss der Mensch wirklich alles, auch den Bereich des Unbewussten, unter seine Kontrolle bringen? – Um es noch einmal deutlich zu machen: Die verschiedenen bisher genannten Methoden, um den Traum lebendig werden zu lassen, auch Versuche des Weiterträumens, waren als Verarbeitung im Wachen gemeint, aber nicht als Eingriff in den Traum selbst!

Andere Menschen bei ihren Träumen begleiten

Wenn Sie andere in ihren Träumen begleiten oder sich einfach gerne Träume anderer anhören, dann gilt als erste Voraussetzung:

- *Bewusst mit den eigenen Träumen leben*
  Wer schwer Zugang zu seinen Träumen findet, sollte besonders zurückhaltend mit Träumen anderer umgehen. Träume sind ein ganz besonders sensibler Bereich der Psyche!

- *Rahmenbedingungen für das Erzählen von Träumen schaffen*
  Wenn irgendwie möglich, ist eine Zäsur, zumindest eine Atempause zwischen dem alltäglichen Trubel und dem Erzählen eines Traums einzuschalten. Ideal

ist, wenn sich der Träumer und alle, die seinen Traum hören wollen, innerlich darauf einstellen. Denn fruchtbares Hören von Träumen braucht die innere Offenheit für das Geheimnis, das uns im Traum eines anderen begegnet. Wer also einen Traum so wie irgendeine Geschichte aus dem Fernsehen erzählt oder vernimmt, bringt ihn damit um seine ursprüngliche Wirkung. Aber es ist meist besser, ihn so zu erzählen, als gar nicht – zumindest für den Anfang!

- *Den Träumer einladen, seinen Traum in der Gegenwart zu erzählen, möglichst ausführlich, und vor allem auf die Gefühle zu achten*
  Auch Details sind wichtig, am bedeutsamsten aber ist die Gefühlsebene. So wird es Träumern und Zuhörern leichter, gemeinsam in die Welt des Traums einzutauchen.

- *Den Traum mit geteilter Aufmerksamkeit hören: beim anderen sein, aber auch bei mir bleiben*
  Jemand erzählt lachend einen Traum. Ein anderer bekommt beim Zuhören Herzklopfen und Gänsehaut; ihm oder ihr ist eher zum Weinen zumute, jedenfalls sicher nicht zum Lachen. – Oder, umgekehrt: Jemand erzählt entsetzt eine Traumsequenz, und einer, der zuhört, muss einfach schmunzeln oder lachen.
  Solche Wahrnehmungen können für die Erarbeitung eines Trauminhalts sehr hilfreich sein, weil sie verschiedene Aspekte der Traumbotschaft bewusst machen. Ein Mensch hört also das Erzählen eines Traumes mit den Fragen: „Wie erlebe ich ihn? Was löst

der Traum in mir aus? Welche Gefühle, auch Körperreaktionen nehme ich wahr?" – und zunächst nicht mit der Frage: „Was bedeutet der Traum für den Träumer?" (Diese Frage ist, wenn überhaupt, dann erst in einem späteren Stadium, nach einem gemeinsamen Gespräch über den Traum angebracht.) Wer so zuhört, kann dann auch – mit aller Vorsicht, im Bewusstsein der Subjektivität seiner Perspektive – andere Aspekte der Traumerfahrung einbringen und so zur Entdeckung der verschiedenen Möglichkeiten der Traumaussage beitragen.[11]

Jeden Traum als Traum des Träumers belassen

„Was bedeutet mein Traum?" So fragen viele Menschen, die sich für ihre Träume interessieren. Bei aller Erfahrung mit Träumen kann und will ich die Frage so nie beantworten. Ich weiß es nicht und ich will und darf auch nicht wissen, was ein Traum für den, der ihn träumt, bedeutet. Äußerungen anderer – auch eines geschulten Psychotherapeuten – sind vom Träumenden zu überprüfen. Ein anderer Mensch mag Impulse geben, nach dem Motto: „Vier Augen sehen mehr als zwei". Deshalb kann der Spiegel eines anderen hilfreich sein, wie in allen Bereichen so auch im Umgang mit den Träumen. Aber am besten: Der Träumende entdeckt selbst (vielleicht sogar im Widerspruch zu gut gemeinten Deutungen anderer) die Botschaft, die der Traum in dieser Lebenssituation für ihn hat.

Einen anderen beim Suchen nach seiner Traumbotschaft begleiten ist wie der Dienst der Hebamme: Das Kind gebären ist Sache der Mutter, nicht der

Hebamme. Hier ist gerade für Menschen, die sich um andere mühen, große Zurückhaltung geboten: Ehrfurcht vor dem Geheimnis des Traums.

Die Begegnung mit den Träumen und ihrem Geheimnis hat Menschen schon immer zu Theorien und Erklärungen angeregt. Den Ausführungen dieses Buches liegt die Traumtheorie der Analytischen Psychologie Carl Gustav Jungs zugrunde. Das folgende Kapitel ist für Feinschmecker der Theorie gedacht. Es geht um einige Schwerpunkte der Tiefenpsychologie[12] Carl Gustav Jungs, sofern sie für das Verständnis der Träume aufschlussreich sein können.

Kapitel 6

Tiefenpsychologische Traumtheorie nach Carl Gustav Jung

Was bedeuten meine Träume? Woher kommen sie? Wozu brauche ich sie? Das hat die Menschen schon immer interessiert; und sie haben die unterschiedlichsten Antworten gefunden: Im Traum wurde die Welt erschaffen[13], im Traum erscheinen und begleiten Götter die Menschen. Oder sind die Träume Produkt menschlicher psychischer Aktivität, vielleicht ein Niederschlag warmer Dämpfe im kühlen Gehirn, Ausdruck einer Weltseele oder Hirnfunktionen, Drüsenphänomene, Körpersäfte? Einflüsterung von Göttern oder Dämonen?[14] Ob menschliche Ängste, ob Gottes Erscheinen – alles ist im Traum möglich. Jede Zeitepoche deutet ihre Träume nach Maßgabe des jeweiligen Denk- und Vorstellungshorizonts. So haben auch Vertreter der Tiefenpsychologie ihre eigenen Ansätze und Vorstellungen entwickelt.

Zum Menschenbild der Tiefenpsychologie

Die Tiefenpsychologie sieht den Ursprung der Träume im Unbewussten des Einzelnen und der Menschheit. Der Mensch ist mit einem Eisberg zu vergleichen: Der kleine Bereich, der über die Meeresoberfläche hinausragt, ist ein Bild für das Bewusstsein, der viel größere Bereich unter der Meeresoberfläche versinnbildlicht das Unbewusste. Es ist tragender Grund des gesamten Daseins eines Menschen. „Bewusstsein“ meint alles, was ein Mensch wahrnimmt: Gedanken, Körperwahrnehmungen, Gefühle. Im Bereich des Unbewussten wird entsprechend dieser Theorie das persönliche und das kollektive Unbewusste unterschieden. Das sog. „persönliche Unbewusste“ umfasst alles, was ein Mensch bisher erlebt hat, auch das Potenzial, das noch nicht zur Entfaltung gekommen ist. Das persönliche Unbewusste des Einzelnen ist vom Unbewussten der Menschheit getragen oder umfangen. Wir sprechen vom sog. „kollektiven Unbewussten“. Es speichert den Erfahrungsschatz der Menschheit und äußert sich in Träumen, besonders auch in Märchen und Mythen. Im Bereich des kollektiven Unbewussten sind die Urbilder unserer Träume beheimatet.

Das Prinzip der Kompensation

Bewusstsein und Unbewusstes ergänzen einander. Dabei steht das Unbewusste grundsätzlich im Gegenzug zum bewussten Leben. Kompensation ist der Fachausdruck der Analytischen Psychologie (von lateinisch „compensare“, d. h. „gegenseitig aufwägen“, „ausgleichen“). Dieses Prinzip der Ergänzung wird vor allem in jenen Träumen deutlich, die sich merklich vom bewussten Leben unterscheiden. Sie bringen die andere Seite des Menschen zum Ausdruck, und das ist sehr heilsam. Denn wer einen solchen Traum behält, hat in sich die Fähigkeit, diese andere Seite zu integrieren und an ihr zu wachsen.

Das erweitert den Horizont des Betroffenen und nützt auch dem Zusammenleben der Menschen. Ein Mensch wird toleranter gegenüber der Andersartigkeit von Menschen seiner Umgebung, besonders auch gegenüber Partnern. Denn die Liebe sucht ja von ihrem Wesen her ursprünglich das Ergänzende; doch ist es auf die Dauer nicht immer leicht auszuhalten. Kompensierende Träume können dazu beitragen, die Andersartigkeit des anderen als bereichernd zu erleben – nicht als etwas, das zu bekämpfen ist.

So kann ein Mensch über das Schockierende oder Verwunderliche mancher Träume seine eigenen gegensätzlichen Tendenzen erleben. Wer sie bewusst wahrnimmt und in sein Lebenskonzept integriert, vollzieht einen Entwicklungsschritt von der Gegensatzspannung zur Einheit der Gegensätze. Sie ist nach C. G. Jung Ziel der menschlichen Entwicklung. Er nennt sie auch Ganzheit, Selbstsein oder „Individuation".

Verwirrende Projektionen

Ein Zugang zum Verständnis der Verflochtenheit von bewusst und unbewusst, wie sie in unseren Träumen begegnet, ist die Beobachtung von Überlagerungen oder Projektionen. Wir erleben sie auch im Alltag, z. B., wenn jemand aus einem eher geringfügigen Anlass einen Wutanfall auf einen anderen bekommt. Ein aufmerksamer Beobachter bemerkt, dass die Wut hier nicht wirklich angebracht ist, sondern eigentlich woanders hingehört; vielleicht gilt sie einem anderen Menschen oder sie war lange aufgestaut und findet endlich ein Ventil. Vielleicht gilt sie dem Wütenden selbst. Ähnliches geschieht auch in unseren Träumen. Denn oft treiben sie ein böses Spiel mit uns. Wir verlieben uns in Wildfremde, wir morden, ohne zu wissen, warum; die Welt steht kopf.

„*Ich beschimpfe unsere neue Nachbarin wild, ich werfe sogar mit meinem Schlüsselbund nach ihr und bin ganz außer Rand und Band.*“ Das intensive Gefühl und Verhalten der Träumerin entspricht nicht dem Tageserleben. Die Nachbarin war vor Kurzem in das Haus eingezogen, sie sieht freundlich aus und es hat bisher keinen Anlass zu irgendeinem Konflikt gegeben. Offenbar steht die Nachbarin des Traums für jemand anderen (das kann auch ein Mann sein) oder für etwas, das die Träumerin aus irgendeinem Grund nicht wahrhaben kann oder will. Eine Spur zu dem, was im Traum eigentlich gemeint ist, könnten folgende Überlegungen weisen: Woher kenne ich dieses Gefühl? Auf wen bin ich so böse? An wem würde ich meine Wut am liebsten so richtig auslassen? Woran erinnert mich die Frau, die ich im Traum erlebe?

Bei näherem Hinsehen entdeckt jene Träumerin, dass die Frau sie ein wenig an ihre Schwester erinnert, auf die sie seit längerem eine – bisher uneingestandene – Wut hat. Außerdem hatte die Träumerin es in der letzten Zeit genossen, dass die Nachbarwohnung leer stand. Der Ärger über die neue Nachbarin gründet am meisten im Bedürfnis der Frau nach mehr „Luft“ in ihrem Leben. Die kurze Traumsequenz ermutigt sie, den Konflikt mit der Schwester zu klären und sich mehr persönliche Freiräume zu gönnen.

Auf die kaum bekannte Nachbarin werden im Traum also andere Spannungsfelder übertragen, weil es bei der entfernten Bekannten nicht so sehr an den Lebensnerv geht wie bei Nahestehenden. Und es ist oft leichter, etwas an anderen zu bekämpfen, als die innere Seite an der Geschichte wahrzunehmen. Ein Grundgesetz der Tiefenpsychologie lautet: Was unbewusst ist, wird projiziert. Erkannt werden Projektionen meist am Gefühlsüberschuss. Passt die Gefühlsstärke zu dieser Beziehung, wie sie sonst erlebt wird? Wir müssen also mit Verkleidungen im Traum rechnen. Eigenschaften anderer Menschen, aber auch innere Anteile werden auf eine Traumfigur projiziert. In der Fachsprache hat sich folgende terminologische Unterscheidung eingebürgert:

Auslegungsebenen (objektstufig – subjektstufig)

Ein besonders hilfreicher Zugang zum Verstehen der Träume ist die Unterscheidung zwischen der „objektstufigen" und der „subjektstufigen" Betrachtung eines Traums. „Objektstufige" Auslegung bedeutet: Der Traum bildet eine Situation der Außenwelt ab. „Subjektstufige" Auslegung vermutet im Traumerleben innere Vorgänge oder Eigenschaften des träumenden Menschen.

Als Grundregel gilt (die Leser mögen wegen der Wichtigkeit dieses Auslegungsprinzips die Wiederholung entschuldigen!): zuerst den Traum objektstufig wahrnehmen; erst im zweiten Schritt ist die subjektstufige Auslegung zu überlegen. Die Bedeutsamkeit dieses Prinzips wurde oben bei den Anregungen zum Umgang mit aggressiven und sexuellen Trauminhalten eigens bedacht.

Schatten – Animus und Anima

„Da bist du aber über deinen Schatten gesprungen!" – So sagen wir im Volksmund, wenn ein Mensch etwas denkt oder tut, was für ihn nicht selbstverständlich ist; wenn etwa einer, der sonst sehr sparsam ist, sich etwas Luxuriöses gönnt. Bekannt ist eine Grundeinsicht der Tiefenpsychologie: Wir Menschen haben so wie unseren physiologischen auch unseren seelischen Schatten. Gemeint ist die unbewusste, meist gegenteilige Seite des Menschen. In den Bereich des Schattens fällt, was wir uns nicht erlauben oder was wir an uns nicht akzeptieren. Wo immer wir über uns selbst erschrecken – ob durch spontane Einfälle und Handlungen, ob durch unser Erleben und Verhalten im Traum – und in vielem von dem, was wir an anderen bekämpfen, meldet sich eine Seite unseres Schattens.

Den Schatten erlebt im Alltag wie auch im Träumen, wer sich über die Schlamperei, Unpünktlichkeit, den ausgelassenen Lebensstil oder die Aggressivität eines anderen mehr ärgert, als allen Betroffenen guttut. Ein solcher Mensch kann sich einmal fragen, ob er sich nicht gegen eine eigene, nicht erlaubte oder nicht zugelassene Eigenschaft auflehnt. Genau diese Eigenschaft würde der oder die Betreffende freilich am allermeisten für seine oder ihre Entwicklung und für ein friedliches Miteinander brauchen. Im Traum begegnet der Schatten gerne in dunklen, verfolgenden oder angreifenden Traumfiguren.

Meist wird der seelische Schatten als unangenehm erlebt. Aber der Schatten muss nicht dunkel sein, er kann auch sehr hell sein. (Hier wird die Vorstellung vom physiologischen Schatten, dem das Bild entnommen ist, gesprengt.) Das wird gleich am nächsten Beispiel deutlich.

„Ich sehe meine Frau als strahlend junges, bildhübsches schlankes Mädchen. Ich bin ganz glücklich über sie.“ Der knapp 60 Jahre alte Träumer wundert sich im Aufwachen über das Bild. Seine Frau ist etwa im gleichen Alter und wohlbeleibt. So hübsch und grazil wie im Traum war sie auch in Jugendzeiten nicht. Objektstufig betrachtet, bringt das Traumbild Seiten in seiner Beziehung zum Ausdruck, die er – in der Gewöhnung des langen Beisammenseins – übersehen hatte. Der Traum hat eine sehr belebende Wirkung auf die beiden, bis zum Neuentfachen der längst eingeschlafenen Sexualität. Noch etwas vermittelt der Traum dem Mann: seine innere, jugendliche Seite. C. G. Jung würde die Traumfigur vielleicht „Anima“ nennen: das Seelenbild, die weibliche Ergänzung des Mannes. Subjektstufig betrachtet, entdeckt der Träumer durch dieses Bild neu die Ideale seiner eigenen Jugend; er gewinnt an Frische und Lebendigkeit, wird zusehends nicht nur körperlich, sondern auch geistig beweglicher. Statt behäbig im Einerlei des Trotts zu leben, erwachen neue Lebensgeister in ihm. Die jugendliche „Traumfrau“ macht ihn nicht nur im Blick auf die Partnerbeziehung, sondern auch in seinem

eigenen Selbstverständnis erneut lebendig. Sie ist auch als eine Erscheinungsform oder Personifikation seines lichten Schattens zu verstehen.

„Ich sehe zwei junge Männer viele Stufen eines großen Gebäudes hinauflaufen; sie sind dunkelhäutig, vermutlich Inder und tragen weiße Kutten. Diese wehen von der schnellen Bewegung. Es ist wie ein Wettkampf oder ein Spiel." – Die Frau wundert sich über den Traum. Sie hat eben erst eine Trennung überstanden, eine nächste steht ihr möglicherweise bevor. Seit Jahrzehnten leidet sie unter den körperlichen Einschränkungen in der Folge eines schweren Unfalls und unter psychischer Labilität. In ihrer bewussten Wahrnehmung geht scheinbar alles bergab; aber im Traum geht es bergauf, in der Gestalt der jungen Männer. Die spielerische Freiheit steht im Kontrast zur Ernsthaftigkeit, zu der die Träumerin grundsätzlich neigt; auch das Fremdländische bietet eine Ergänzung zur Österreicherin. Die weiße Gewandung hat etwas Überirdisches an sich, das sich vom dunklen Hintergrund – bezeichnend für die Grundstimmung der Frau zur Zeit des Traums – wohltuend abhebt. Die gesamte Szene wirkt auf die intellektuell hochbegabte Träumerin kultisch-erhebend, fast wie ein Tempelberg. Auf die Einladung, sich vorzustellen, was die beiden oben erleben, taucht das Bild eines großen Ateliers auf. Es ist noch leer, aber es erinnert die Träumerin an ihren langgehegten, bisher unerfüllten Wunsch zu malen. Mit dem Schwung der jungen Traum-Männer kann sie sozusagen den Anlauf nehmen. Der Traum hilft ihr, die eigenen Ressourcen zu sehen und zu verwirklichen.

Die beiden Männer haben kaum Bezug zur Außenwelt der Träumerin; sie können im Sinn C. G. Jungs für innere Anteile der Frau stehen, die auch „Animus“ genannt werden. Der Animus tritt nach seiner Theorie bei Frauen häufig in zweifacher oder mehrfacher Form auf, so offenbar auch in jenem Traum. Mit „Animus“ und „Anima“ meint C. G. Jung das jeweils andersgeschlechtliche Seelenbild in der Frau und im Mann. Heute sind wir mit detaillierten Zuordnungen vorsichtig; aber gerade jener Traum zeigt, wie zutreffend die Überzeugung ist: Im Traum begegnen uns Seiten unserer Persönlichkeit, die wir im Wachen nicht (oder noch nicht) wahrnehmen oder ausleben können, die wir aber für unser Ganzwerden dringend brauchen.

Archetypen und „große Träume“

Das Bild vom „Tempelberg“ erweckt Assoziationen, die bis in die Frühzeit der Menschheit zurückreichen können. Alte Kultbauten, aber auch Bilder aus Mythen und Märchen tauchen auf. Was eine Österreicherin spontan träumt, ist nicht nur ihr persönliches Erinnerungsmaterial, sondern darin lebt Erfahrung der Menschheit. In manchen Träumen wird diese Kraft des kollektiven Unbewussten ganz besonders deutlich. Sie werden „archetypische“ oder „große“ Träume genannt. Diese Träume prägen sich stark ein, berühren oder erschüttern im Traum wie auch im Aufwachen und bleiben noch lange nach dem Träumen, manchmal ein Leben lang in Erinnerung. Sie beeindrucken auch andere Menschen, denen sie erzählt werden. Oft treten sie an einer Lebenskrise oder Lebenswende auf. Sie haben durch den Reichtum an Urbildern ganz besonders heilende Wirkung. Für glaubende Menschen berühren diese archetypischen Träume in ihrer Ausdruckskraft und in ihrer Wirkung den Bereich des Religiösen.

Carl Gustav Jung spricht von Archetypos oder Archetyp (vom griechischen „arché" = Anfang, „typos" = Prägung). In Bildern von Träumen, Mythen und Märchen, auch in der Vorstellungswelt Schizophrener erkannte C. G. Jung Strukturen, die sich in unterschiedlichen Ausprägungen wiederholen. Wenn etwa Menschen aller Zeiten von Behausungen oder Fortbewegungsmitteln träumen, verbindet sie darin ein gemeinsames Grundmuster. Offenbar gibt es in der Psyche der meisten Menschen eine innere Fähigkeit, Häuser, Hütten oder Fahrzeuge symbolisch wahrzunehmen und auch entsprechend auszudrücken. Die äußere Gestalt ändert sich, doch das Grundmuster wiederholt sich auffallend.

Ähnliches gilt auch für die anderen Traumbilder, die im 3. Kapitel überlegt wurden. In den Traumbildern aus dem nächsten Kapitel werden weitere Archetypen begegnen: die weise Frau oder andere Formen von kultischen Figuren. Auch Bilder vom Wasser, sakrale Gestalten oder Symbole, heilende Personen oder bestimmte Tiere finden sich weltweit in symbolischem Kontext und sind so Ausdruck kollektiver Weisheit der Menschen.

Der zentrale Archetyp ist für C. G. Jung das Selbst. Jung meint damit jene dem Menschen innewohnende

Grundkraft, die ihn aus seinem Ursprungspotenzial heraus seiner äußeren und inneren Vollendung entgegenreifen lässt. Dieser Archetyp tritt in Traumbildern, die Menschen auch religiös deuten können, besonders eindrücklich in Erscheinung.

Die Archetypen sind deutlichster Ausdruck des kollektiven Unbewussten. Sie enthalten unerschöpfliches Material an uraltem Wissen um die tiefsten Zusammenhänge zwischen Menschen, Kosmos und dem Göttlichen. In ihnen lebt Energie der Menschheit, würden wir heute sagen. Sie machen den menschheitlichen Reichtum unseres Inneren aus, das sich in den Träumen äußert.

Kraft der Symbolsprache

Wo unsere Träume dem bewussten Leben zugänglich werden, indem wir sie erinnern, verbindet sich Bewusstes mit Unbewusstem; deshalb ist die Sprache der Träume grundsätzlich symbolisch, also nie bloß auf der bewussten Ebene zu verstehen. Sogar dort, wo Träume scheinbar unverändert konkrete Lebenssituationen wiedergeben, enthalten sie mehr als eine bloß vordergründige Abbildung alltäglicher Lebenswelt.

Das Wort „Symbol" kommt aus dem Griechischen und bedeutet ursprünglich: „Zusammenwerfen" oder „Zusammenfallen" von zwei Teilen. In einem Symbol verbindet sich die äußere, bewusst wahrnehmbare Wirklichkeit mit der inneren, unbewussten. Im sichtbaren und beschreibbaren Bild leuchtet eine andere, tiefere Wirklichkeit auf. Wir kennen die Bedeutung von Symbolen aus unserem alltäglichen Leben, besonders aus Riten und Festen. Das äußere sichtbare Zeichen kann unterschiedlich eng mit dem Inneren des Menschen verbunden sein: von Verkehrszeichen, einem Blumengruß, einem körperlichen Liebeszeichen bis zum Sakrament der Religionen. Je enger Inneres und Äußeres verbunden sind, umso intensiver wird die Wirkkraft des Symbols. So haben auch Träume unterschiedliche Ebenen des unbewussten Bereichs zum Inhalt: von jenen Träumen, die mehr am Tageserleben orientiert sind, bis zu den großen Träumen, die reich an archetypischen Bildern sind.

Ein Traumbild, als Symbol verstanden, ist wahr, weil es mehr besagt als nur die äußere Wirklichkeit. Symbole enthüllen die Wahrheit über eine sonst verborgene Wirklichkeit. Deshalb wird eine ausschließlich intellektuell-rationale Betrachtung keinem Traum gerecht. Nicht der Blumenstrauß als solcher, botanisch oder nach seinem Marktwert untersucht, macht die Wahrheit des Zeichens aus, sondern die Bedeutung, die in ihn hineingelegt wird. Je offener wir also für die Botschaft eines Traums sind, umso mehr kann der „Blumenstrauß" des Unbewussten uns erreichen und seine Wirkung auf uns ausüben. Hier wird nochmals deutlich, warum wir uns nur über den Gefühlszugang der Wahrheit der Träume annähern: Denn die Botschaft eines Symbols wird nicht durch rein gedankliche Überlegung, sondern durch persönliches Sich-Einlassen zugänglich.
Der symbolische Charakter der Traumsprache erklärt auch, warum viele Träume verschlüsselt wirken. Denn

der Traum macht Unbewusstes bewusst: er enthüllt und verbirgt zugleich. Deshalb sind die Träume so wirksam und für unsere bewusste Wahrnehmungsfähigkeit oft so schwer greifbar. Im Mitschwingen und Mitspielen kann man erahnen, welche inneren Kräfte in einem Traum zum Ausdruck kommen.

Zwischen Kausalität und Finalität, Komplexen und Archetypen

In den meisten Träumen, an die wir uns erinnern, verdichtet sich unsere Lebenswirklichkeit wie in einem Brennpunkt. Es ist, als ob das ganze Leben eines Menschen gegenwärtig wäre: die Grundprobleme einer Biographie und das letzte Ziel, das Woher und Wohin eines Menschen.

Woher kommen die Träume?

Wir werden nie mit Sicherheit wissen, woher unsere Träume stammen; hier bewegen wir uns im Bereich von Thesen und Vermutungen. An vielen Beispielen ist bereits deutlich geworden, dass sich Erlebnisse, die ein Mensch noch nicht verarbeitet hat oder die aus irgendeinem Grund für den Menschen aktuell bedeutsam sind, in Träumen melden können: ob Tagesreste oder Erinnerungen aus der Kindheit. C. G. Jung spricht von „Komplexen“. Der Begriff „*Komplex*“ wird in der Jung'schen Psychologie weiter gefasst als in dem landläufig verbreiteten Verständnis des „Minderwertigkeitskomplexes“[15]. Ein Komplex umfasst eine Gruppe von Vorstellungen,

Erlebnissen, Bildern und Worten, die durch eine gemeinsame Gefühlstönung miteinander verbunden sind. Das können Autoritätskomplexe, Eltern-, Geschwister- oder Schuldkomplexe sein. Komplexe sind Kraftzentren im Menschen, Brennpunkte des seelischen Lebens, die durch persönliche Erfahrungen aktiviert werden, aber im kollektiven Unbewussten gründen. Sie sind grundsätzlich wie alles, was im Unbewussten wirkt, lebensfördernd, doch wirken sie sich mitunter sehr belastend aus, wenn ein Mensch sie nicht in das bewusste Leben integrieren kann.

Die Komplexe sind Verursacher, Regisseure und Hauptgestalten unserer Träume. Immer dort, wo in diesem Buch bisher von alten, unverarbeiteten Bereichen gesprochen wurde, könnten wir in der Jung'schen Fachsprache auch von Komplexen reden. Es geht oft um alte Wunden, „Leichen im Keller", Autoritätsprobleme, unverdaute Tageserlebnisse. So kann in einem Verfolger, der einen Träumer in Panik versetzt, ein alter Autoritätskomplex wirksam werden. In der Hilflosigkeit des Träumens ist der Mensch ihm unterstellt, bis er lernt, sich zu wehren. Dann kann er die Energie, die im Komplex lebt, und die zunächst gegen ihn selbst gekehrt war, auch für sich nützen. Dieser Prozess wurde in Claudias Umgang mit den Räuberträumen sehr deutlich.

Wohin führen uns die Träume?

Das eine ist die Frage nach dem Ursprung der Traumbilder; noch typischer für die Analytische Traumdeutung ist die zielorientierte Sicht. In den Komplexen äußert sich jene Lebenskraft, die den Menschen auf dem Weg in seine Zukunft weiterführt, wenn sie dem Ich unterstellt ist. Dann kommt dem Menschen die Energie des Archetypos zugute. Zum Beispiel: In einer Belastung durch Defizite in der Beziehung zu den Eltern, die wir Elternkomplex nennen können, ist die ursprüngliche Kraft des Elternarchetyps enthalten, aber noch gebunden; sie wird frei, wenn ein Mensch lernt, mit diesen Belastungen umzugehen. Dann kann sich die archetypische Kraft der Tradition, die im Mutter- oder Vaterarchetyp lebt, voll entfalten. Sie kommt in Urbildern der Träume zum Ausdruck, die auch in den Bereich des Religiösen weisen können; davon mehr im nächsten Abschnitt.

In den Träumen wirkt also jene Lebensenergie, die den Menschen in seiner Gegenwart aus seinen Wurzeln heraus kraftvoll leben lässt und ihm die Möglichkeit gibt, die Zukunft zu bewältigen. Sie trägt den Einzelnen in seiner Gegenwart und schließt in sich die Kraft für das Bestehen der Zukunft.

Warum alle Träume heilsam sein können

Seit der Antike wird dem Traum heilende Wirkung zugeschrieben. Besonders bekannt sind die Heiligtümer des griechischen Gottes Asklepios, auf dessen Schlafbänke (griech. kliné) unser Wort „Klinik“ zurückgeht: Kranke schliefen dort so lange, bis sie durch die Begegnung mit dem Gott geheilt wurden.[16] Auch in unserer abendländischen Tradition wird von Traumheilungen christlicher Heiliger erzählt. Von Gregor von Nyssa († 396) wird erzählt: Ein Hauptmann schlief wegen eines gelähmten

Fußes in einer Kirche (die antiken Schlafkliniken finden sich also auch im christlichen Bereich). Im Traum erlebte er, wie ein übermenschliches Wesen seinen Fuß einrenkte; geheilt erwachte er. Bekannt sind auch die Traumheilungen in Verbindung mit den christlichen Heiligen Cosmas und Damianus. Die beiden Märtyrer-Ärzte sollen Kaiser Justinian (483–565) in ihrer Kirche in Konstantinopel wunderbar geheilt haben. Daraufhin schliefen Kranke in dieser Kirche in der Hoffnung, dass auch ihnen die Heiligen im Traum heilend erscheinen.[17] Was die Alten schon wussten, ist auch eine Grundüberzeugung der Tiefenpsychologie: Die Träume und der Umgang mit ihnen können heilende Wirkung haben. Die Gründe dafür sind vielfältig.

Bereits die Tatsache, dass Träume sich überhaupt bemerkbar machen und aus dem Schattendasein des Unbewussten ans Licht kommen, ist an und für sich befreiend. Wir kennen das doch: wenn etwas in uns steckt, ob es ein Brechreiz ist, ein Niesdrang oder ein psychischer Brocken: Wir spüren, es ist da und es kann nicht heraus – das beklemmt. Wenn es endlich draußen ist, dann fühlen wir uns erleichtert, selbst wenn nicht immer Angenehmes herauskommt. Allein der Vorgang des Hochkommens und Herauslassens kann befreiend sein.

Wenn sich Wohliges meldet, ist der heilende Effekt des Traums leicht einzusehen. Schwieriger ist das bei schmerzlichen Träumen. Auf sie trifft besonders die alte Überzeugung zu, dass die Wahrheit frei macht. Alles, was wir träumen, ist unsere Wirklichkeit. Gerade unangenehme Träume konfrontieren uns mit Seiten des Lebens, die eben auch da sind. Die Erfahrung zeigt, dass Träume, die sehr schockieren, den Menschen am meisten in seiner Entwicklung weiterführen.

Für Menschen mit einem guten Maß an Ichstärke gilt: Wir merken uns nur Träume, die wir auch verkraften können, und durch bewusstes Umgehen mit sperrigen Träumen wird Heilung von innen her möglich. Denn heil wird ein Mensch, der nicht abspalten und ausgrenzen muss, sondern auch das Widersprüchliche seines Lebens integrieren kann.

Vermutlich geschieht auch im Unbewussten des träumenden Menschen selbst Heilsames, ohne dass wir davon etwas mitbekommen. Wir wissen ja nicht, was sich alles in unserem Inneren ereignet, bis ein Traum das Licht unseres Bewusstseins erblickt. Es ist zu vermuten, dass bereits im Unbewussten eine Art Traumarbeit geschieht.[18] Sie könnte mit einem Verdauungsprozess zu vergleichen sein. Die alten Komplexe, Traumata und Belastungen, die lange Zeit unverdaut im Magen gelegen sind, werden vielleicht nächtens zerkleinert und vermischt mit Magensäften und Verdauungsenzymen, nämlich angereichert mit den inneren Quellen, die wir in uns tragen; das sind unsere persönlichen Ressourcen wie auch die Kräfte des kollektiven Unbewussten. Dann können die Nährstoffe dem Organismus zugeführt werden; ausgeschieden wird das nicht mehr Brauchbare.

Kehren wir vom Bild unseres Organismus noch einmal zurück zu den Grundüberzeugungen der Analytischen

Traumtheorie: Im Traum wirken die Archetypen des kollektiven Unbewussten, allen voran das Selbst: der Archetyp der Vollendung, der uns ein Leben lang begleitet und unterstützt. Wo der Mensch seinem Ganzwerden entgegenreift, auch mit Hilfe der Träume, dort geschieht Heilung als Erfahrung und Verwirklichung des Selbst. C. G. Jung sieht darin einen Weg zur Gotteserfahrung.

Kapitel 7

Träume – Sprache der Seele, Sprache Gottes

Vermutlich ist kein Bereich des Lebens so geheimnisumwittert wie die Welt der Träume. Unsere Träume erinnern uns daran, dass das bewusste Leben des Tages nicht alles ist. Sie laden ein, über den Bereich des Irdischen, praktisch Notwendigen hinauszuspüren. So wie bei allem, was uns tief bewegt, geraten wir mit den Träumen an die Grenze dessen, was menschlich machbar, deutbar und vollziehbar ist. So ist es kein Wunder, dass Menschen aller Zeiten und Kulturen, von der Antike bis in unsere Gegenwart dem Geheimnis der Träume nachspüren und das Traumerleben mit der Welt der Götter oder Gottes verbinden.[19] Auch die Glaubenden der Bibel sind überzeugt davon, dass Träume eine besondere Nähe zu Gott vermitteln können: Gott ruft im Traum einen Menschen, Engel erscheinen im Traum, der Himmel ist offen, Menschen erhalten Klärung und Wegweisung durch Gott oder seinen Engel.[20] – Glaubende Menschen verschiedenster Zeiten und Religionen sind also überzeugt: Der Traum ist eine Möglichkeit, wie Menschen Gottes Nähe in ihrem Leben erfahren können.

Die Tiefenpsychologie sieht den Ursprung der Träume im Unbewussten – christlicher Glaube spricht von Gott. Die Darlegungen dieses Buches sind von der Überzeugung getragen, dass die beiden Denkansätze einander nicht ausschließen, sondern ergänzen und bestätigen.

Ein naher Gott – im Wachen wie im Träumen

„Wenn jede gute Gabe von Gott kömmt, dem Vater der Lichter, und dem Frommen alles zur guten Gabe werden soll, und wenn wir Rechenschaft zu geben haben von jeder, sind da nicht auch die Träume gute Gottesgaben und haben wir sie nicht anzuwenden zu unserem geistigen Wachstum?" (Jeremias Gotthelf)[21] – Im Sinn des christlichen Glaubens geht alles Leben auf Gott zurück. Denn hinter jeder Existenz steht die Lebenskraft, die von Gott in die Welt hineingelegt wurde. „Gott" ist die verborgene Kraftquelle, Ursprung, Begleitung und Ziel des Daseins von Menschen und Welt. Das wird noch ausdrücklicher im Glauben an die Menschwerdung Gottes: In allem, was uns begegnet, kann Gottes Nähe erahnt und gespürt werden. Das wird an vielen Beispielen der Bibel deutlich, wo Menschen sich von Gott begleitet erleben. Die ganze Welt und alles, was Menschsein ausmacht, ist Symbol und Sakrament Gottes. Mit dem Symbolwort „Gott" umschreiben Glaubende die Erfahrung und Überzeugung: Es gibt eine gute Nähe Gottes in meinem Leben. Warum dann nicht in den Träumen?

Und die schlimmen Träume? Nichts Menschliches ist Gott fremd

Göttliche Nähe ist für einen glaubenden Menschen spürbar, wenn ein wohliger Traum eine erhebende Stimmung oder gar Heilung bringt. Licht, blumige Wiesen, helles Wasser, Engel oder Lichtgestalten, in den Himmel fliegen ... Solche Träume erheben die Seele und sind leicht als „gute Gottesgabe“ zu verstehen. Schwerer ist es, in verworrenen und beängstigenden Träumen ohne Hoffnungsschimmer die Spur eines wohlmeinenden Gottes zu entdecken. Was kann ein Albtraum, aus dem ich schweißgebadet aufwache, mit Gott zu tun haben? Wie kann ich in einem Traum, in dem ich nur den Druck auf dem Brustkorb und auf der Seele erlebe, die befreiende Nähe Gottes erfahren?

„Es ist finster, von allen Seiten kommen vermummte Gestalten mit Speeren in der Hand, sie gehen auf mich los, langsam, aber zielsicher kommen sie immer näher. Das Schlimmste ist: ich bin völlig allein, ausgeliefert den Angreifern von allen Seiten; es ist unbeschreiblich eng, wie in einem Horrorfilm, immer näher kommen sie – bis ich schweißgebadet und total erschöpft aufwache; der ganze Brustkorb tut mir weh, ich meine, ich bekomme keine Luft und muss ersticken.“ Ein Traum wie dieser macht verständlich, wie das Wort „Albtraum“ zustande kommt – als ob ein Alb, das ist ein böser Dämon, auf der Brust säße. Wie soll ein solcher Traum Gottes gute Gabe sein? Später, freilich erst nach einer Zeit der Verarbeitung, hat die Frau gemerkt: Dieser Traum ist einer der wichtigsten ihres Lebens. Begonnen hat der Prozess mit der Erfahrung der christlich glaubenden Frau: Ich habe den Horror überstanden! „Gott-lob“, ich bin gerettet – wenn auch nur durch das Aufwachen. Dass es Rettung gibt, das war ihre erste Gotteserfahrung in Verbindung mit dem Traum. Dann folgten die nächsten Schritte:

Ihre Gefühle zum Traum führten sie zu einer Mobbingsituation an ihrem Arbeitsplatz, die ihr vor dem Traum in dieser Bedrohlichkeit nicht bewusst war. Vieles klärt sich: Sie nimmt wahr, was sie in der Arbeit belastet; sie setzt sich mehr zur Wehr, indem sie sich an die zuständigen Stellen wendet, um Hilfe zu bekommen. – Später entdeckt sie in den Traumgestalten mit ihren Speeren auch einen Spiegel für Druckmuster ihrer Erziehung, die sie zu depressiven Verstimmungen und Ängsten führen: Die vielen „du musst", „du darfst nicht", „du musst für alle da sein" ihrer Lebensgeschichte. Sie alle verdichten sich im Traumbild. Allmählich lernt sie, sich klarer als früher zu widersetzen und ihren eigenen Zielen und Bedürfnissen gerecht zu werden.

Und noch etwas entdeckt sie, als sie den Traum immer wieder erinnert.

Im Nacherleben des Traums bemerkt sie eine lichte Stelle im Traum, die ihr zunächst im Bann der Bedrohung gar nicht bewusst war. Da ist ein Ventil sozusagen, eine mobbingfreie Zone! Es ist wie ein geschützter Bereich, jedenfalls eine Seite, von der keine Bedrohung ausgeht. Im Wachen fällt ihr eine neue Mitarbeiterin im Betrieb auf, die – wenn auch unbemerkt – auf ihrer Seite steht. Und in ihrer inneren „Mobbingsituation" entdeckt sie Möglichkeiten, die ihr bisher wenig bewusst waren: Szenen, in denen sie das tun und leben konnte, was eben ihres ist. Es gibt also auch im Inneren jemand, der auf ihrer Seite steht – eine Ahnung der Nähe Gottes?

So wirkt der Traum im Lauf der Zeit immer befreiender auf jene Frau. Mit der neuen Kollegin verbindet sie seit dem Traum und der Arbeit daran eine herzliche Beziehung, die ihr hilft, vieles leichter zu ertragen. Und sie gestaltet mit Freude ihre inneren Freiräume aus und setzt sie in kleinen Schritten um.

Die glaubende Frau erlebt in diesem Traum und in dem, was er in ihr ausgelöst hat: Gott ist mit ihr – im Ertragen des Schlimmen wie im Kampf dagegen. Jene Frau hatte auch immer wieder erfreuliche Träume, für die sie dankbar ist; aber dieser Horrortraum hat sie noch viel mehr in ihrer Entwicklung gefördert – in ihrem Bestehen der Außenwelt wie in ihrer inneren Befreiung. Sie möchte ihn nie mehr träumen (und vermutlich wird sie auch nie mehr so träumen), aber sie möchte ihn auch nicht missen. Es ist so wie mit vielen anderen bitteren Erfahrungen des Lebens: Wir wünschen sie „unserem Todfeind" nicht, aber wir brauchen sie dringender als alles andere. Das scheint ein Lebensgesetz zu sein, das sich auch im gelungenen Umgang mit so unerwünschten Träumen äußert. Christlich gesprochen, ist es die Erfahrung des durch-kreuzten Lebens: Wenn unsere Erwartungen, auch die Erwartungen an unsere Träume, durchkreuzt werden, genau dann kann sich ein neuer, „österlicher" Entwicklungsschritt ereignen. Durch das Kreuz zur Auferstehung, im Kreuz auferstehen – diese Grundlagen christlichen Glaubens werden in solchen herausfordernden Prozessen deutlich.

Religiöse Träume?

Gibt es speziell religiöse Träume? Diese Frage stellen religiös orientierte Menschen gerne, sie ist aber sicher nicht eindeutig zu beantworten.

Zum einen ist es mit den Träumen doch ähnlich wie mit allen Erfahrungen unseres Lebens: Wenn das gesamte Leben „gute Gottesgabe" und Möglichkeit zur Gottesbegegnung ist, dann eben auch das Träumen! So gesehen, ist jeder Traum für einen glaubenden Menschen auch religiös zu verstehen. Zum anderen gibt es bestimmte Erfahrungen, die Menschen ausdrücklich religiös deuten: Erfahrungen in Gebet, Gottesdienst, Meditation, Mystik. Aber es ist schwierig, eindeutige Grenzen zu ziehen. Klar greifbar ist die subjektive Deutung solcher Erlebnisse aus einem bestimmten glaubenden Denkhorizont heraus, aber kaum zu beantworten ist die Frage, ob es sich dabei objektiv um überirdische Phänomene als solche handelt. So ähnlich könnte es auch mit den Träumen sein. Am ehesten kommen für spezifisch religiöse Deutungen wohl jene Träume in Frage, die auch große oder archetypische Träume genannt werden. Von ihnen war schon die Rede. Es entsteht der Eindruck, dass sie an die Wurzeln unserer Existenz rühren, weil in ihnen Urerfahrungen der Menschheit leben. Das sind oft Träume von Licht[22] und Lichtgestalten und vom göttlichen Kind, Träume von Kreuzes- oder Mandalaformen. In der Bibel wird Jakobs Traum vom offenen Himmel als religiöser Traum gedeutet.[23] Manche Träume vom Fliegen, vielleicht auch der Eingangstraum dieses Buches, können als besondere Eingebung und Führung Gottes erlebt werden.

Ob jemand einen solchen Traum als Gotteserfahrung oder als Erfahrung des Selbst oder ganz anders deutet, hängt immer von den Deutungsvoraussetzungen eines Menschen ab. Wie kein Traum eine bestimmte Aussage unabhängig vom träumenden Menschen hat, so gibt es vermutlich keinen Traum, der für sich genommen in engerem Sinn oder ausschließlich religiös ist. Religiös ist der Mensch in der Art, wie er seinen Traum wahrnimmt und wie er damit umgeht. Dazu wieder einige Beispiele:

„Es ist ein karg eingerichteter Raum – ein Bett, ein Kasten, ein Tisch, ein Sessel. Alles aus hellem Holz. Ich bemerke, dass jemand regungslos auf dem Sessel sitzt. Ich denke zunächst, es sei eine Puppe. Ich stehe aus meinem Bett, in dem ich geschlafen hatte, auf und gehe zur vermeintlichen Puppe: Sie ist lebendig. Es ist ein junger Mann, der die Kluft und den Hut der Handwerker auf der Walz, genau genommen die der Zimmerer, trägt. Seine Lippen sind rot geschminkt. Er senkt den Kopf und schaut mich mit einem Augenaufschlag an (ich sehe den blauen Lidschatten). Ich frage ihn: ‚Wer bist du denn?' Er sagt mit der sanftesten Stimme, die ich je gehört hatte: ‚Ich bin dein Herz.' Etwas irritiert frage ich weiter: ‚Ja, was machst du denn da?' Er lächelt, antwortet ganz unaufdringlich und unaufgeregt, ja bescheiden: ‚Ich möchte nur, dass du mich nicht vergisst!'

Plötzlich ist der ganze Raum durchflutet vom schönsten Licht, das ich je gesehen hatte, und eine in Jutegewand gekleidete Frau mit langem, herrlichem blonden Haar, das ganz von Licht erfüllt ist, erscheint. Wir kochen gemeinsam Kaffee. Dieser Duft! Wunderbar! Mein Herz sitzt weiterhin völlig unauffällig am Sessel und schaut uns zu. Pure Harmonie. Ich erwache mit einem so starken Liebesgefühl, das unvergesslich ist ... Seit diesem Traum weiß ich intuitiv, dass ganz tief in uns drinnen die Liebe wohnt."

Zum Zeitpunkt des Traums hatte die junge Frau Probleme mit einer neuen Arbeitsstelle, die, wie sie meinte, ihr nicht wirklich entsprach. In dem Traum fand sie Kraft zum Durchhalten. Auch später (inzwischen sind etwa zehn Jahre vergangen) begleitet der Traum sie; immer wieder fällt er ihr ein, wenn sie für sich allein mit Problemen nicht zurande kommt. Der „Handwerker auf der Walz" drückt (entsprechend dieser alten wandernden Handwerkergilde) das Bedürfnis der Träumerin nach Einfachheit und Freiheit, nach ethischer Gesinnung und Wandlungsfähigkeit aus. Die glaubende Frau erlebt den Traum als besonderes Geschenk Gottes. Ein anderer könnte ihn als „Animustraum" verstehen. Besonders auffallend sind die männlichen wie auch weiblichen Züge in dieser Gestalt, die die Träumerin ihr Herz nennt. Die überirdisch wirkende Frau im Traum erinnert an alte Kultformen des Weiblich-Mütterlichen. – Ein archetypischer Traum, so reich an Menschheitserbe, den keine Deutung voll ausschöpfen kann!

Auch in einem anderen Traum erscheint eine weibliche Gestalt, diesmal ganz anders. Eine Frau träumt 18 Jahre nach einer Abtreibung: *„Ich sehe eine wunderschöne lichte Frau mit blutverschmiertem Bauch; mich ekelt vor dem Blut. Auf einmal reicht sie mir einen Klumpen voll Blut und Schleim. Mich ekelt vor dem Blutbatzen und ich scheue mich, ihn anzunehmen. Wie ich den Mut aufbringe, ihn zu nehmen, verwandelt er sich und wird in meinen Händen ein wunderschönes Kind; ich nehme es in die Arme, herze und küsse es. Ich bin glücklich; es ist mein Kind! Zugleich weiß ich, ich muss es ihr zurückgeben. Es heißt Michael. Und ich* *gebe das Kind der Frau, sie entschwindet mit ihm. Ich wache sehr ruhig und glücklich auf.*" Im Aufwachen denkt sie sich: „Michael, das heißt doch ‚Wer ist wie Gott?' – Ich muss nicht wie Gott sein; ich darf auch einen Fehler machen." Seit diesem Traum hat sie Frieden gefunden. Die lichte Frau begegnet ihr auch später in entscheidenden Augenblicken, wie beim Tod ihrer Mutter; die Träumerin kennt sie bereits; sie ist wie eine gute himmlische Gestalt, die sich in schwierigen Wegetappen meldet, aber vermutlich immer da ist.

Eine ca. 50-jährige Frau erinnert sich im Traum an ein Jugenderlebnis: *„Ich bin auf meiner ersten Disco; ein Junge nimmt die eine Hand von mir und dann die andere, der Kreis schließt sich; es ist eine wunderbare Einheit.*" Damals, mit etwa 17 Jahren, hatte das schüchterne Mädchen einen Abend lang mit jenem Burschen getanzt und ihn dann nie mehr wiedergesehen. Das Bild der vier Hände und Arme, die einen Kreis schließen, wird für sie im Träumen und im Erzählen wieder lebendig. Es hat sie viele Jahre ihres Lebens begleitet und ist zu einem Maßstab geworden, woran sie Liebe erkannt hat: „wenn es eben stimmt". – Freilich kann keine Beziehung dem, was in diesem Bild enthalten ist, voll gerecht werden. Das Bild meint auch nicht nur die reale Beziehungsebene. Es ist wie ein Mandala, uraltes Einheits- und Ganzheitsbild, das auch in vielen christlichen Symbolen enthalten ist. Je mehr die Frau sich in der inneren Vorstellung auf das Bild der Hände, die einen Kreis schließen, einlässt, umso mehr schließt sich der Kreis in ihr selbst: Sie erlebt innere Einheit und Harmonie, Bei-sich-Sein, Frieden.

Ein solches Bild reicht weit über eine Erinnerung an einen schönen Abend in der Jugend hinaus; im Traum und immer, wenn sie ihn erinnert, rührt sie an ihre seelischen Wurzeln. Ob wir es Selbstsein nennen, ob Gotteserfahrung: Wir ahnen in solchen Erlebnissen unser Innerstes, wie immer wir es benennen; die Worte sind zu klein.

Eine beruflich sehr engagierte Frau träumt: *„Ich fahre auf der Autobahn, in einem wunderschönen weißen neuen Auto und gerate in einen Stau; das Auto wird seitlich gestreift."* Der Traum spiegelt ihre Lebenssituation: Sie hat zu viel auf sich geladen, das ihr die „freie Fahrt" behindert. Beim Betrachten der Farbe des Autos erkennt sie „Weiß" als Symbol des Lichten, Überirdischen. Da sie sich als spirituellen Menschen erlebt, symbolisiert ihr die weiße Farbe auch die leuchtende Kraft ihrer Seele. Diese Fähigkeit ist durch die berufliche Überlastung gefährdet. Dass die Träumerin von links gestreift wird, ergibt sich nicht nur aus der Überholsituation; wie immer kann im Traum alles symbolisch sein: die linke Seite steht häufig für die persönliche Gefühlsseite; diese kommt im äußerlich randvollen Leben der Träumerin, in dem sie sich sehr emotional engagiert für andere Menschen einsetzt, leicht zu kurz. – Für jene Träumerin wird der Traum zu einem Wegweiser, der sie immer wieder an ihren zentralen Lebensinhalt erinnert.

Träume mit Bezügen zu religiösen Vorstellungen und Kultformen

„*Ich sehe eine helle Figur, irgendwie wie ein Engel. Er oder sie – ich nehme das Gesicht nur in Umrissen wahr – schaut mich mit einem unbeschreiblich warmen Ausdruck an. Ich werde diesen Blick nie vergessen.*“ Der Träumer wacht mit einem Gefühl des Wohlbehagens und der Wärme im Brustbereich auf. Endlich wieder einmal die Erfahrung, nicht allein zu sein – dass da jemand in meiner Nähe ist, der es gut mit mir meint! Zur Zeit fühlt er sich privat und im Bemühen um seine Arbeitssuche im Stich gelassen. Diese Wahrnehmung tut einfach gut. In der weiteren Beschäftigung mit dem Traum wird ihm bewusst, welche „Engelsgestalten“ er doch in seinem Leben hat. Es gibt mehr hilfreiche Personen in seiner Umgebung, als er meint! Darüber hinaus zeigt ihm das Traumbild seine eigene innere „engelhafte“ Seite, die er sich im bewussten Leben nicht zugetraut hätte.

In Mythen, Märchen wie auch in der Bibel werden Erscheinungen von Engeln im Traum erzählt. Diese gehören offenbar zu Manifestationen des kollektiven Unbewussten; Glaubende deuten sie als Erfahrung Gottes. Oft sind sie mit Lichtphänomenen verbunden. Auch die von Licht erfüllte weibliche Traumgestalt des „Herztraums“ von oben oder die beiden jungen spielenden Männer mit ihren weißen Kutten (vom „Tempelberg“) können in diese Bildwelt reichen. Vermutlich sind die Engel der christlichen Verkündigung immer schon Symbol für die begleitende gute Nähe Gottes. So können auch Inhalte des Glaubensverständnisses und der religiösen Praxis eines Menschen in Träumen Niederschlag finden.

„*Ich sehe einen Engel, sehr hell und angenehm. Doch wie ich näher hinschaue, merke ich, dass er ein Gesicht wie ein Teufel hat.*“ Verwirrt wacht die junge Frau auf. Das Traumbild spiegelt ihr zunächst die Enttäuschung über einen Freund. Sie hatte gedacht, dass er es gut mit ihr meint: So kann man sich in einem Menschen täuschen, folgert sie. Einige Zeit später erinnert sie sich wieder an den Traum. Da fällt ihr auf, dass die Frisur des „Engels“ ihrer eigenen Frisur sehr ähnlich ist. Abermals erschrickt sie: So habe also auch ich die Teufelsfratze in mir! Erst diese Einsicht hilft ihr, den Freund richtig einzuschätzen. Wir alle haben eben unsere dunkle Seite. Dann verbindet sie doch mehr mit ihm, als sie dachte!

„*Da ist eine große Frau mit einem weiten Mantel, und drunter bin ich mit meiner Familie und mit vielen anderen. Ich fühle mich sehr wohl, wie in einer Maiandacht meiner Kindheit.*“ – In ihrer Lebenssituation hat die Frau derzeit große Sorgen. Der Mann leidet an einer Alkoholerkrankung, die Kinder sind körperlich und auch psychisch labil; sie fühlt sich überfordert und vor allem allein gelassen und ungeschützt. Der Traum vermittelt ihr im Ausgleich dazu die bergende Nähe, die sie so dringend braucht. Demgegenüber ist die Frage, wer mit der Gestalt gemeint ist, sekundär: Glaubende können die „Schutzmantelmadonna“ auf die „heilige Maria“ oder die mütterliche Seite Gottes beziehen; Tiefenpsychologen sprechen von der Großen Mutter oder vom Mutterarchetyp.

Jeder Traum verbindet also die persönliche Denk- und Erfahrungswelt des Träumers mit Bildmaterial aus dem kollektiven Unbewussten. Das gilt auch, wo Menschen von Kirchen, Amtsträgern oder bekannten religiösen Zeichen und Riten träumen.

„*Ich komme in meine Kirche, dort ist es finster und eiskalt.*" Es ist das Kirchengebäude, in das die Träumerin regelmäßig und gerne geht. Der Raum ist in der Realität heller und heimeliger als im Traum. Im Traum fühlt sich die Frau traurig, enttäuscht, wie betrogen. Der Ort, der Heimat und Wärme geben sollte, ist eiskalt. Genauso erlebt sie sich derzeit; ihr Mann hat sich, für sie völlig überraschend, von ihr getrennt. Die düstere Kirche spiegelt ihr das ebenso düstere Tageserleben.

Erst im späteren Nacherleben des Traums erinnert die Frau sich an eine Episode, die sie zuerst übersehen hatte: „*Aus dem linken Kirchenschiff kommt ein matter, angenehmer Lichtschimmer – und darin erscheint mein Onkel aus der Kindheit.*" Jener Onkel war schon lange verstorben. Er hat ihr immer Heimat gegeben. Von links (das könnte auch hier die Gefühlsseite symbolisieren) kommt ein Licht in die düstere Szene: eine innere Kraftquelle. Sie gibt der Träumerin Hoffnung. Die Kirche wirkt nicht mehr so düster, seitdem die Träumerin die Lichtgestalt wahrnimmt. – Der Traum spiegelt der Frau also nicht nur die Bitterkeit ihrer Situation, sondern macht ihr auch Mut, ihre Kraftquellen und Chancen wahrzunehmen. Im Bild des „Onkels“ entdeckt sie einen alten Freund, der ihr gutgesonnen ist, aber auch innere Impulse, die ihr helfen, die Enttäuschung über die Trennung zu meistern.

Es geht also nicht primär um den Kirchenraum, sondern um die Symbolik des Raums. Archetypisch verweist der Kirchenraum auf die Symbolwelt der Großen Mutter: Gibt sie Leben oder verweigert sie Leben?

Die spirituelle Qualität des Umgangs mit Träumen

Vermutlich gibt es kein Traumbild, das als solches klar und eindeutig oder ausschließlich religiös sein sollte. Denn alles ist von Gott umfangen, und was einen Menschen in seiner Entwicklung weiterführt, kann von glaubenden Menschen als Gottes Nähe gedeutet werden.

Meditation, Verinnerlichung, Gebet – viele Wege führen in die Tiefe des Lebens, die Glaubende „Gott“ nennen. Träume sind der königliche Weg zum Unbewussten, sagt die moderne Tiefenpsychologie. Die vielen Beispiele dieses Buches haben gezeigt, dass Träume für Menschen, die sich ihnen öffnen, auch ein „königlicher Weg“ zu ihrer spirituellen Innerlichkeit sein können.

Denn Glauben meint: Horchen nicht nur auf eine von außen kommende Botschaft, nämlich auf die Sprache des bewussten Lebens, sondern Glauben meint Wachsamsein für den Anruf der Seele. Und wer sich auf seine Traumsprache einlässt, findet in den Träumen Wege zu einem inneren Wachstum, das den ganzen Menschen und die menschliche Gemeinschaft einbezieht. In den Träumen ereignet sich ein Miteinander zwischen Körper und Seele, Glaube und Leben, Welt und Mensch, Mensch und Mensch, Mensch und Gott. Völker und Kulturen sind verbunden in der Bilderwelt der Träume. Der Traum ist die gemeinsame Sprache der Menschheit. Wenn Träume als Sprache der Seele so weit gefasst werden, mag der gewagte Satz zutreffen:

„*Gott hat keine andere Sprache an uns als die Sprache der Seele in uns.*" Und diese Sprache der Seele äußert sich besonders deutlich in der Symbolkraft unserer Träume.

„Träum was Schönes!"

ICH WÜNSCH DIR WAS!

Ich wünsch dir
nicht nur angenehme Träume,
diese auch.

Ich wünsch dir Träume,
die dich hellhörig machen,
in denen du mehr von dir und deinem Leben erfährst
als am Tag.

Ich wünsch dir Träume,
die deinen Blick und dein Herz weit machen,
die dir jene Lebenskraft geben, die du heute und morgen
brauchst.

Ich wünsch dir Träume,
die dir helfen, deine wunden Punkte wahrzunehmen
und Wege der Lösung zu suchen.

Ich wünsch dir Träume,
in denen deine Verletzungen einen Raum der Heilung finden.

Ich wünsch dir Träume,
die dich auf deinem Lebensweg weiterführen, auch wenn er eine Kurve nimmt, die dich vielleicht überrascht.

Ich wünsch dir nicht gute Träume,
als ob die anderen schlecht wären.

Denn alle Träume sind gut,
wenn wir uns auf sie einlassen und ihrer Kraft trauen.

Solches Träumen wünsch ich dir ...

Anmerkungen

1 Kast, Verena, Träume. Die geheimnisvolle Sprache des Unbewussten, Walter-Verlag, Düsseldorf 2006, S. 17.

2 Gen 2,4b–25, v. a. V 25; vgl. dazu Gen 3,7.

3 Mehr dazu in Riebl, Maria, Schuldgefühle? Worin sie gründen. Wie sie heilsam werden, Tyrolia-Verlag, Innsbruck 2008, besonders Kapitel 6.

4 Archetypisch weiblich sind Tiere wie Katze, Spinne, Kuh, Kröte, Krabben. Archetypisch männlich sind unter anderem: Hund, Wolf, Adler, Stier, gehörnte Tiere. Die meisten Tierbilder können aber so vielschichtig und so verschieden deutbar sein wie die Schlange oder wie der Wolf in „Rotkäppchen", der das männliche Element der Verführung zur Lust (im Blumenpflücken symbolisiert) und zugleich das verschlingende Mütterliche darstellt. (Der Wolf will in der Gestalt der Großmutter das Mädchen fressen.)

5 1 Sam 17.

6 Ennulat, Gertrud, Du, ich will dir einen Traum erzählen. Mit Kindern über ihre Träume sprechen, Walter-Verlag, Zürich 1998, S. 149, Anm. 16.

7 Markowitsch zufolge sind 80 bis 90 % unserer Träume mit Angstgefühlen verbunden. So Kast, Träume, S. 37, Anm. 54: Markowitsch, Joachim, Dem Gedächtnis auf der Spur. Vom Erinnern und Vergessen, Wissenschaftliche Buchgesellschaft, Darmstadt 2002, S. 71.

8 Ennulat, 81ff.

9 Der Träumer sucht sich Personen aus der Gruppe, die Traumgestalten oder auch die Szenerie des Traums (wie z. B. ein Tor) darstellen. Es kann auch jemand anderer für den Träumer stehen. Wenn es der Zeitrahmen erlaubt, ist auch Rollenwechsel möglich. Das Spiel erfolgt pantomimisch oder im Nacherzählen des Traums durch den Träumer, auch im Stegreifspiel. Diese Methode eignet sich hervorragend, um die vielen Möglichkeiten der Traumbotschaft zu erkennen. Denn oft wird dem Träumer im eigenen Darstellen, aber auch durch die Wiedergabe und Erfahrung anderer Spieler spontan bewusst, woran der Traum ihn erinnert, oder eine Perspektive stellt sich ein, die er bisher übersehen hat. Und die anderen Teilnehmer der Gruppe erleben Facetten der Aussagekraft, die der Traum eines anderen auch für sie persönlich hat.

10 In dieser Methode des Ansprechens bestätigt sich die Erfahrung aus der Märchenwelt und Mythologie: Der Name macht die Kraft eines Wesens aus. Man denke an „Rumpelstilzchen".

11 Besonders in der Gruppe bewährt sich dieses Vorgehen.
Hilfreiche Fragen können sein: „Wenn ich das träumte – wie erginge es mir? Würde ich gerne so träumen? Mit welchem Gefühl würde ich aufwachen? Welche Erinnerungen und Gedanken steigen in mir hoch? An

welchem Punkt des Traums wird mir langweilig oder werde ich ärgerlich, wann werde ich plötzlich müde oder denke an irgendetwas anderes?" Diese Fragestellungen sollen dem Zuhörer helfen, den Traum innerlich mitzuvollziehen. So können die vielen Möglichkeiten der Aussage eines Traums entdeckt werden, bevor Versuche einer Deutung unternommen werden. Denn die unterschiedlichen Wahrnehmungen eines Traumes innerhalb einer Gruppe können verschiedene Schichten des Traums offenbaren. Für den Träumer ergibt sich ein erweiterter Blick auf seinen Traum; den Teilnehmern der Gruppe bringt die Arbeit am Traum eines anderen eine Einübung in den Umgang mit eigenen Träumen. Im Spiegel fremder Träume werden auch persönliche Spannungsfelder und Ressourcen bewusst.

12 „Tiefenpsychologie" ist ein Sammelbegriff für drei psychologische Schulen aus dem 20. Jh., die dem Unbewussten des Menschen ursprüngliche und fundamentale Bedeutung beimessen. Hauptvertreter sind Sigmund Freud, Carl Gustav Jung und Alfred Adler. – Wie in allen Bereichen seiner Theorie lebte C. G. Jung auch in seiner Traumtheorie aus seinen eigenen Ansätzen heraus; manche verband er mit Freud'schen Thesen, in anderen wieder hat er sich von ihm distanziert und hat seinen eigenen Weg beschritten. Die folgenschwerste Fortführung C. G. Jungs betrifft die Überzeugung vom sog. kollektiven Unbewussten. Gegenüber dem (oft ausschließlichen) Blick der Psychoanalyse S. Freuds auf den einzelnen Menschen misst C. G. Jung der gemeinschaftlichen, kollektiv-menschheitlichen Dimension maßgebliche Bedeutung bei. Im Umgang mit Träumen sind die weitreichendsten Unterschiede C. G. Jungs gegenüber S. Freud dessen stärkere final-prospektive Orientierung. (Demgegenüber ist die Sicht des Naturwissenschaftlers Freud mehr kausal orientiert: In den Träumen werden primär frühkindliche Konflikte verarbeitet.) Der Bereich des Unbewussten, aus dem die Träume hervorgehen, ist also nicht (wie bei S. Freud) in erster Linie vom Verdrängten der persönlichen Lebensgeschichte bestimmt, sondern ist wie ein Mutterboden der Menschheit, von dem der Einzelne – vermittelt durch die Archetypen – seine Lebenskraft bezieht.

13 So eine Sicht der australischen Aborigines, zitiert bei Ennulat, S. 22–23, Anm. 16.

14 Eine umfassende Auflistung von Traumtheorien in der Geschichte der Traumdeutung (vom Alten Ägypten bis zu S. Freud) findet sich bei Thomas, Klaus, Träume – selbst verstehen. Wie sie entstehen, was sie bedeuten, warum sie heilen. Geschichte und Wissenschaft, Psychologie und Praxis von den Träumen, Georg Thieme Verlag, Stuttgart [3]1979, S. 5–46; siehe auch Kast, Träume, S. 13–30.

15 Der Begriff hat im Bereich der Individualpsychologie Alfred Adlers umfassenden Bekanntheitsgrad gewonnen, wird dort aber differenzierter eingesetzt.

16 Thomas, Träume, S. 20f; Kast, Träume, S. 19f.

17 Thomas, Träume, S. 40–41.

18 Der Ausdruck „Traumarbeit" entstammt der Psychoanalyse Sigmund Freuds. Gemeint ist der Prozess im Unbewussten vom „latenten" zum „manifesten" Trauminhalt; Hauptakteur ist der sog. Zensor, der die Trauminhalte mit den moralisch erlernten Prinzipien zu verbinden sucht bzw. sie daran anpasst.

19 Kast, Träume, S. 15–18.

20 Gen 28,12; 1 Sam 3; Mt 1,20; Mt 2,13; Apg 16,9; 23,11.

21 Jeremias Gotthelf (1797–1854), evangelischer Pfarrer und realistischer Erzähler über die Bauernwelt des 18. Jh. Zitiert nach Dieckmann, Hans, Träume. Das Tor zur inneren Wirklichkeit, Kreuz Verlag, Stuttgart 1990, S. 45, Anm. 21.

22 Mystiker sprechen bisweilen von einem Urlicht, das in der Tiefe des Selbst leuchtet und wärmt. Sie sprechen auch vom Seelenfunken und sind überzeugt: Da, wo der Mensch ganz bei sich selbst ist, da rührt er an Gott. Teresa von Avila schildert in der „Seelenburg" den innersten Raum der Seele als Ort der Begegnung mit Gott.

23 Gen 28,10–17.